编审委员会

法学 e 系列教材

法 理 学

赵雪纲/编著

FA LI XUE

中国政法大学出版社

2017·北京

图书在版编目（ＣＩＰ）数据

法理学/赵雪纲编. —北京：中国政法大学出版社,2017.8
ISBN 978-7-5620-7475-5

Ⅰ.①法…　Ⅱ.①赵…　Ⅲ.①法理学　Ⅳ.①D903

中国版本图书馆CIP数据核字(2017)第129799号

出　版　者　中国政法大学出版社

地　　　址　北京市海淀区西土城路 25 号

邮　　　箱　fadapress@163.com

网　　　址　http://www.cuplpress.com（网络实名：中国政法大学出版社）

电　　　话　010-58908435(第一编辑部)　58908334(邮购部)

承　　　印　固安华明印业有限公司

开　　　本　720mm×960mm　1/16

印　　　张　12.75

字　　　数　201 千字

版　　　次　2017 年 8 月第 1 版

印　　　次　2019 年 6 月第 2 次印刷

印　　　数　4001～9000 册

定　　　价　38.00 元

编写说明

　　法学的实践性历来为法学教育所重视和强调，如何培养法科学生的法律运用能力也一直是法学教育的重点和难题。随着国家统一法律职业资格考试对法治实践水平的着重考察，以及同等学力人员申请硕士法学学位教育对理论知识结合司法实务的迫切需求，本系列教材编写组结合互联网科技和移动电子设备的发展趋势，根据全国各大法学院校不同学制法学教育的特点，针对学生法学基础深浅不一、理论与实践需求各异的现状，以掌握法学最基础理论知识、应对国家统一法律职业资格考试和同等学力人员申请法学硕士学位专业考试、提升司法实践能力和法律运用能力为目标，组织编写"法学 e 系列教材"。

　　本系列教材的特点主要体现在以下几个方面：

　　第一，本系列教材的编写人员均为中国政法大学从事法学教育数十年的知名教授，拥有极为丰富的法学教学经验和丰硕的科研成果，同时深谙司法实务工作特点和需求，能够在授课过程中完美地结合法学理论知识与法律实务技能，多年来深受学生的喜爱和好评。他们立足于法学教育改革和教学模式探索创新的需要，结合互联网资源信息化、数字化的特点，以自己多年授课形成的讲义和编著过的教材为基础，根据学生课堂学习和课外拓展的需要与信息反馈，经过多年的加工与打磨，精心编写而成。本系列教材是各位编写人员数十年法学教学、司法实践与思考探索的结晶，更是他们精心雕琢的课堂教学的载体和平台。

　　第二，知识详略得当、重点突出，完善法科学习思维导图。首先，本系列教材内容区别于传统法学全日制本科、研究生专业教材和学术著作，主要涉及法学教育中最根本、最重要的知识要点，教材篇幅适中，内容简洁明了、通俗易懂，准确阐述法学的基本概念、基本理论和基本知识，主要使学生了解该学科的通说理论。其次，本系列教材不仅旨在传授法学基础知识，更要帮助学生在脑海中形成脉络清晰的树状知识结构图，对于如何解构法律事实、梳理法律关系、分清主次矛盾、找到解决方法，形成科学完整的法学方法论，为法学理论拓展或法律实务工作奠定坚实的基础。最后，对于重难点内容进行大篇幅详细对比和研究，使学生通过学习本教材能够充分掌握重要知识点，培养学生解决常见问题的能力；对其他相关知识点如学术前沿动态和学界小众学术观点，则以二维码的形式开放线上学习平台，为有余力者提供课外拓展学习的窗口。

第三，实践教学与理论教学相结合，应试教学与实务教学相结合。本系列教材承载了海量案例库和法律法规库，同时结合扫描二维码形式跳转到相关资源丰富的实务网站，充分结合案例教学、情景教学、课后研讨和专题研究等教学、学习方法，引导学生从理论走向实践、从课堂走向社会。同时，为了满足学生准备国家统一法律职业资格考试和同等学力人员申请法学硕士学位专业考试的需要，本书设置了专项题库和法规库并定期更新，以二维码的形式向学生开放各类考试常考的知识点及其对应的真题、模拟题，提供考点法律法规及案例等司法实务必备信息，引领学生从法学考试走向法律实务、从全面学习走向深度研究。

第四，立体课堂与线下研讨相结合，文字与图表、音视频相结合。除了完善课前预习和课堂授课内容，本系列教材也为学生提供了丰富、立体的课下学习资源，结合网络学习平台，加强出版单位和读者沟通，加强师生互动沟通，不断更新、完善教师教学效果、学生学习成果、出版整合资源成果。

本系列教材是各位参编教师数十载潜心研究、耕耘讲台的直接成果，搭乘 e 时代的高速科技列车，以法学结合互联网、教材结合二维码为创新方式，攻克法学教育资源庞杂、重难点难以兼收的难题，希望为广大法科学子和司法实务工作者提供更加科学、实用的法学教材。我们相信，这些成果的出版将有力地推动各类法学院校法学教学改革和法律人才培养目标的实现，我们也希望能够得到广大从事法学教育工作的专家、学者的鼓励、交流与批评、指正！

编审委员会
2017 年 7 月

前言

　　宋儒朱熹有言，"至于天下之物，则必各有所以然之故，与其所当然之则，所谓理也"。若视法律为"天下之物"的一种，则法律亦必有其"所以然之故，与其所当然之则"，此所谓"法理"也。探察此法律之理的学问，就是法理学。现如今法学科目众多，法理学只是其中的一个科目。这个科目，尽管与国家所定法律的联系越来越紧密，却仍然不曾尽失其究问法律大原的本来终向。故而，作为当今一个法学科目的法理学，依旧包括了法的概念论、法的本体论、法的历史论、法的价值论、法的关系论、法的运行论、法治国家论等内容。数十年来，中国法学教育体系中的法理学一科，其内容和精神，既前承后续，又吐故纳新，从中可以见出时移俗易，以及观念的因应厘革。本人教授法理学课程有年，亦曾参编法理学教材数种，于此递嬗更替过程，若有所悟。今以同等学力人员申请硕士学位法理学大纲为基准，参佐其他教本和文献资料，编订本教材，期能有助诸生考查知识，以明于庶物人伦，领会政义法理。

　　教材编修，得周扬同志襄助，于此谨致谢忱！

赵雪纲

识于 2017 年 2 月

目录

导　论

🔵 本章重点内容讲解

　　导论讲解了法理学的研究对象和基本性质，法理学思想在中西方的简单发展历史，以及马克思主义法理学的基本内涵。其中，法理学思想在中西方发展历史中的一些知识性问题（如当代法学流派名称、中国律学的内涵）和马克思主义法理学的世界观、方法论为重点内容。

第一节　法理学的对象与性质

一、法理学的对象

　　法学的所有学科都研究法律现象，但是不同的学科从不同的角度、层面来研究法律现象，或研究法律现象的不同方面和领域。法理学不同于其他法学学科之处在于，法理学研究从宏观的、整体的角度来研究法律现象，而不是从微观的、局域的角度研究法律现象。或者说，法理学思考和研究的是法律现象的一般性、普遍性问题，而不是法律现象某一领域或某一方面的具体问题。所谓一般性问题，就是整个法律体系、法律运行、法律制度及其各个发展阶段中普遍存在的问题。譬如，什么是法，法有什么作用，法的价值有哪些，法与道德之间的关系如何等。正是由于法理学研究法的一般性问题，很多法学家直接称法理学为法的一般理论。

法理学从宏观的或整体的角度研究法律的一般性问题，并不表明它不关注法律生活中具体的问题或事件。法理学家们往往从现实生活中某些具体的法律问题或事件出发进行法理学思考，或者从这些具体的法律问题或事件中获得思想的灵感和启迪。当然，法理学关注具体的法律问题或事件时，并不是就事论事，而是小中见大，来思考和回答这些具体问题所折射出来的普遍性意蕴。

尽管各个国家的法理学家都努力解答法的一般性问题，都努力建立普遍适用于所有国家的法的一般理论，但其研究的立足点和参照系都难以脱离本国法的历史和现实，其理论往往打下本国法的历史和现实的深刻烙印。中国的法理学在思考和研究法的一般性问题的同时，也要密切关注和研究中国的法律实践，为当代中国的法治建设提供理论指南。

【拓展知识】
"法理学"名
称的由来

二、法理学的性质及其在法学体系中的地位

法理学在法学体系中占有特殊地位。这个特殊地位就是：它是法学的一般理论、基础理论和方法论。这一特殊地位首先是由法理学的研究对象的一般性和法理学论题的根本性所决定的。法理学以"一般法"（即整体法律现象）为研究对象。所谓"一般法"，首先是指法的整个领域或者说整个法律现实，即包括宪法、行政法、民法、经济法、刑法、诉讼法、国际法等在内的整个法律领域，以及现行法律从制定到实施的全部过程。法理学要概括出各个部门法及其运行的共同规律、共同特征、共同范畴，从而为部门法学提供指南，为法制建设提供理论服务。为此，法理学应当以各个部门法和部门法学为基础，应是对各个部门法的总体研究，对各个部门法学研究成果的高度概括。如果不是这样，而仅仅从某些或个别部门法和部门法学中找例子为自己的观点作注解，或仅仅是对部门法学的某些理论的简单升格，则法理学的结论就难免带有局限性，就不可能在部门法学中贯彻到底，也就谈不上对部门法学有指导意义了。

在此意义上，法理学的基本性质主要体现在以下三个方面：

（一）法理学是法学的基础理论

法学的各门学科都为人们提供关于法的知识、理论。法理学不同于其他法学学科之处在于，法理学提供的不是法的具体的、实用的知识，而是法的抽象的、基础的理论。法理学虽然并不能为人们解决实际的法律案件提供直接的帮助，但它使人们知道如何正确地思考权利问题。正是从这种意义上，英国法学家哈特认为，法理学所关心的不是法律的知识（knowledge），而是法律的思考或思想（thought）。在所有的法学学科中，法理学是一门理论性、思想性最为突出的学科，因而也是一门相当抽象、难懂的学科。

法理学的理论之所以具有基础性，不仅因为它们是关于法的根本性、普遍性问题的理论，而且因为它们是一定时代的法的精神、理念的表达。法理学的一项重要功能，就是通过捕捉和表达所处时代的法的精神、理念，为当时的法律体系、法学体系的建立寻求思想基石，或者为法律制度和法学的变革提供精神推动力量。

（二）法理学是法学的方法论

法理学是法律世界观和法学方法论的统一。它既是法学的一般理论和基础理论——提供一系列关于法的基本思想、理论，又是法学的方法论——提供一系列研究法律现象的基本方法。法理学之所以是法学的方法论，可以从两个方面加以说明：其一，法理学的理论对法学研究具有方法论价值。法理学的使命不仅在于认识和理解法律现象，为人们提供法的理论、思想，而且在于支配和指导人们的认识活动，为人们认识和理解法律现象提供方法论。法理学所提供的科学理论往往构成人们进一步认识和理解法律现象的科学思路和方法。其二，法学方法论是法理学的重要研究内容。由于研究方法是否正确和有效对法学研究至关重要，作为法学之基础学科的法理学，越来越重视对法学方法论的研究，并努力为法学建立起科学的方法论。

【拓展知识】
法学方法
论小知识

（三）法理学是法学的意识形态

法理学具有强烈的政治属性和意识形态色彩。意识形态是指一定阶级或集团的思想家对特定社会关系反映后建立的，包括一定的政治、法律、哲学、道德、艺术和宗教等社会学说的完整的思想体系，其目的是建立或巩固一定的政治制度以维护本阶级或集团的根本利益，它是该阶级或集团的政治纲领、行为准则、价值取向和社会理想的理论依据。

法理学就是法学的意识形态。这是因为：其一，法理学深受一定意识形态的影响。不论何种流派的法理学，都会自觉或不自觉地以一定的意识形态为基础。法学家在法学研究中所坚持或遵循的意识形态，直接决定法学家观察、思考、解决各种法律问题的基本立场、观点、方法。其二，法理学本身是意识形态的重要组成部分。法理学提炼和浓缩了法学的一系列基本立场、观点和方法，是整个

【拓展阅读】
季卫东：
论法律意识
形态（引言
和结语）

法学体系的理论基础和方法论的核心，是法学的基本思想路线和认识方法，是观察、认识和分析法学领域的一系列大是大非问题并体现政治方向、理论导向和鲜明时代精神的思想认识和观念体系。法理学提出的法的一般理论，是对法的基本理论问题的本质性理解和导向性阐释，体现了法学的总体性精神结构和独立自主的观念特征。

第二节　法理学的历史

作为独立分支学科和完整知识体系的法理学，出现于 19 世纪。但是，人们对法的一般性、普遍性问题的探讨和研究，却古已有之。因此，作为对法律的根本性问题进行深入思考的认知活动和知识成果的法理学，历史是非常悠久的。按照马克思主义对人类社会发展史的阶段划分，在人类历史的长河中，法理学思想的发展经历了奴隶社会、封建社会、资本主义社会等几个历史阶段，而以马克思主义意识形态为基础的马克思主义法理学，则是法理学的最高发展阶段。

一、奴隶社会的法理学思想

几种主要的古代文明，如古希腊罗马、古代中国，在奴隶社会时期，不仅有成文法典，而且还有专门论述法律问题的文献。这些文献中已经包含了较为丰富、较为深刻的法理学思想。奴隶制时代，西方国家的代表是古希腊、古罗马，东方国家的代表就是中国。尽管这些国家在奴隶制时代，尚未形成职业的法学家集团，也还没有产生专业化、系统化的法学研究，更未出现体系化的法理学，但他们对法律问题的思考，却开启了人类深入探讨法律根本问题的先河。

（一）古希腊古罗马的法理学思想

西方法学起始于古希腊。根据现有的文献和地下发掘出来的资料，以雅典为代表的古希腊城邦国家的成文法不多，而且法律的制定和适用通常采用直接民主或大民主的程序和方式，没有健全的专门法律机构和职业法学家集团，因而也就不可能有独立的法学。但是，由于以习惯法为主体的法律制度已有相当程度的发展，法律已经渗透到社会生活的方方面面，成为基本的社会结构和人们感受和认识的对象；同时，古希腊的哲学非常发达，发达的哲学开发了自由民（尤其是自由民中的知识分子）认识和评价社会现象的能力，促进了政治学、伦理学、文学、美学等专门知识体系的形成。在丰富多彩的政治学、伦理学、文学、美学作品中，涉及一系列法理学问题，诸如：法与权力、理性的关系，法与人、神、自然的关系（法是人定的还是出自神灵或自然），法与利益、正义（在人们互相冲突或重叠的主张之间，什么是正当的或正义的），人治与法治（人治优于法治还是相反），守法的道德基础和政治基础（公民为什么要服从法律和国家）……用西方法学家的话说，这些问题是法学的"永恒主题"。这些法学史上最初提出的问题以及苏格拉底、柏拉图、亚里士多德等人关于这些问题的论述，对西方法学一直有着深刻的影响。

【拓展阅读】
希腊哲人的
"法治"

　　古罗马的法律制度是古代西方世界法律制度发展的顶峰。与发达的法律制度相适应，罗马法学十分繁荣。罗马法学家不仅提出和解决了许多涉及立法、执法、司法的技术和方法问题，而且引入希腊人的自然法概念来论证罗马法的神圣性和广泛适用性。在罗马帝国前期，已经有了比较发达的简单商品经济和复杂的财产关系。法律调整机制和法律秩序越来越具有抽象性和普遍性，也越来越复杂。法律事务需要有受过专门训练的专家来处理，由此出现了职业法学家集团、法律学校和法学流派。由于奥古斯都大帝建立了法学家官方解答权制度，法学家的声誉大振，法学理论不仅获得了相对独立的地位，而且成为罗马法的渊源之一。罗马法学关于公法、私法划分的思想，关于自然法、万民法、市民法划分的思想，对其后的西方法学理论和法律制度的发展都有重大影响。

【拓展阅读】
罗马法学
的影响

　　（二）中国春秋战国的法理学思想

　　春秋战国的几百年是中国法学兴起和大发展的时期。当时各种学说、学派层出不穷，构成了百花竞放的繁荣景象。儒、法、墨、道四家都对法学的兴起和发展做出了贡献，其中法家的贡献尤为突出。儒家从人性善的哲学立场出发，强调圣人、贤人、圣君、贤相个人的统治力量，重视道德礼教的作用，主张礼主刑辅，综合为治，并对这些观点进行了哲学论证。墨家从天意乃法的根源的法律观出发，主张以天为法，循法而行；他们还提出"兼相爱、交相利"的社会信念，主张在经济上重视生产、节约、利民，在刑罚上"赏当贤，罚当暴，不杀无辜，不失有罪"。道家从"小国寡民"的理想国设想出发，反对制定各种礼法制度，主张一切顺乎自然，"无为而治"，甚至断言"法令滋彰，盗贼多有"，与希腊圣哲柏拉图的政治法律主张不谋而合。这是中国法律虚无主义思想的先河。法家的代表人物大都是政治活动家，他们在政治活动中，总结了历

史上的和现实的治国经验，把法治推崇为立国和治国之本，明确提出"援法而治""以法治国"等主张，并发动了一系列旨在实现法治的政治改革和变法。在主张和实行法治的过程中，法家的代表人物发表了许多颇有见地的新思想，一度成为"显学"。

二、封建社会的法理学思想

无论是西方国家还是以中国为代表的东方国家，在封建时代，都曾进一步深入思考了人类法律的一些基本问题，为人类文明留下了丰厚的法律文化遗产。

（一）西欧中世纪的法理学思想

今天已经不再说中世纪是西方社会最黑暗的历史时期，其中一个原因就是，基督教也创造了很高程度的文明，包括法律文明。尽管在基督教处于万流归宗地位的中世纪欧洲没有独立的法学，但这并不意味着法学思想的消失。事实上，在基督教思想家托马斯·阿奎那的著述中包含着丰富的法律思想。阿奎那通过把希腊人和罗马人的法律思想糅合在神学中，保存和发展了古希腊和古罗马的法律思想。到中世纪后期，日益发展的商品经济和资本主义生产方式产生了对法律的需要。于是，出现了法学教育和法学研究。当时的法学教育和法学研究以复兴罗马法为中心任务。随着法学研究和法学教育的恢复和发展，又一次出现了职业法学家集团，出现了法学流派，这就是注释法学派。这一法学派对于恢复、发展和传播古罗马法起了很大作用。

【拓展阅读】中世纪的注释法学和教会法

（二）中国古代的律学与法理学思想

在中国，从汉代起，在法学领域出现了通常所说的"律学"（亦称为"刑名律学""注释律学"），即根据儒学原则对以律为主的成文法进行讲习、注释的法学。它不仅从文字上、逻辑上对律文进行阐释，也阐述某些法理，如关于礼法关系、释法与尊经的界限、律例关系、狱讼原理的阐释等。

【拓展阅读】律学与法律的精神

三、资本主义社会的法理学

（一）资本主义的兴起与法学的勃兴

自13、14世纪开始的文艺复兴和宗教改革运动，使西方法学朝着世俗化的方向发展和变革。一批出身于新兴中产阶级的思想家把君主（而不是上帝）或人性（而不是神性）看作国家和法律的基础，使法律和法学从天国回到了人间。这个时期法学发展的最重要的标志是人文主义法学派的产生。人文主义法学派是继注释法学派之后兴起的法学流派，因与文艺复兴运动中的人文主义思潮（一种反对封建旧秩序的社会思潮）相联系而得名。人文主义法学派主张把罗马法作为整个古典文化的组成部分来对待，把哲学方法和历史方法运用于罗马法研究，以便更有说服力地复兴罗马法。注释法学派和人文主义法学派为民族国家的形成、资本主义法律制度的出现和法律的统一化创造了思想理论和技术等方面的有利条件。注释法学家和人文主义法学家是把古代法学传达到近代的使者，他们的研究是连接古代法学和近代法学的纽带。

（二）近代资本主义法学世界观的出现

17 世纪开始的资产阶级革命和在这场革命中普及的建立资产阶级民主和法制的时代要求既需要法学，也解放了法学。大规模发展起来的商品经济更是需要法学。从此，法学教育和法学研究蓬勃兴起，法律学校和法学流派如雨后春笋般涌现出来。近代资产阶级法学的出现意味着一种与中世纪神权世界观相对立的法权世界观的出现。这一世界观的核心是自由、平等、人权和法治，其典型的表达形式是自然法学派的"社会契约论"和"天赋人权论"（自然权利论）。自然法学派是资产阶级革命的旗手，它反对神性和神权，主张人性和人权；反对专制和等级特权，主张自由和平等；反对人治，要求法治。自然法学派不仅起着宣传、推动革命的历史作用，而且对于资产阶级民主和法制的建立起着论证和促进作用。近代资产阶级国家民主和法制的模式主要是由自然法学派思想家设计的。契约自由、法律面前人人平等、罪行法定主义等现代法律制度的基本原则也是由他们提出的。

（三）现代资产阶级法学思潮与流派

从 18 世纪末开始，欧洲和美国陆续出现了以抽象的概念、保守的理论形式、费解的哲学语言传播天赋人权、自由主义、宪政、法治等启蒙思想的哲理法学派，以反对古典自然法学派、强调法律民族精神或历史传统为特征的历史法学派，以功利主义和实证主义哲学为理论和方法论基础、以对实在法律的逻辑分析为己任的分析法学派。分析法学派的出现标志着作为独立学科的法学的出现。在独立法学出现的同时，出现了理论法学和应用法学的分化，即出现了法理学和刑法学、民法学、宪法学等法学部门的分化。但是，在

19 世纪前期，法理学基本上是哲学家或政治学家的法理学。19 世纪中期以后，法理学才由哲学家和政治学家的副产品成为职业法学家的法理学。

（四）当代西方法理学

20 世纪初，在种种新的因素的推动下，强调研究法律的社会作用、法律的实效、法律规则生效的手段、法律与其他社会控制方式的联系的社会法学派问世。与此同时，以继承和发展黑格尔的法学理论为特征的新黑格尔主义法学派和以继承康德的法学理论为特征的新康德主义法学派开始在德、意等国传播。第二次世界大战前后，自然法学派、社会法学派和分析法学派以新的政治和理论姿态出现。以行为主义心理学和行为主义政治学为理论基础和原型的行为主义法学，作为存在主义哲学组成部分的存在主义法学，试图折中调和各派，实现法的概念、法的价值、法学方法三者统一的综合（统一）法学派也纷纷登场。20 世纪 70 年代以后，主张运用经济学的理论和方法分析、评论法律制度和法律活动、朝着实现最大经济效益的目标改革法律制度的经济分析法学派，以批判西方法律制度和法律文化为宗旨的批判法学派，以人本主义为哲学基础、宣扬非意识形态化、宣布对马克思主义实行"扬弃"的"新马克思主义法学派"异军突起。这些法学流派分别从不同的角度解释和评价法律制度，为维护或改善资本主义法律制度服务。

【拓展阅读】
新的法学流派

第三节　马克思主义法理学

直到 19 世纪 40 年代马克思主义法理学的出现，法学领域才发生了根本变化。在无产阶级革命斗争实践中产生和发展、在社会主义国家法制建设中不断丰富和更新的马克思主义法理学，是人类历史上最进步、最科学、最有活力的法理学。

一、马克思主义法理学的世界观和方法论

西方各个历史时期占主导地位的法理学和中国历史上的法理学，都是剥削阶级的法理学。它们没有揭示出或是有意地掩盖了法的本质和法的发展规律，因而从总体上来说是不科学的。马克思主义法理学以辩证唯物主义和历史唯物主义作为世界观和方法论，深刻地分析了社会各个方面的现象，揭露了剥削阶级的偏见，科学地阐述

了法的本质及其发展规律，使法理学成为一门真正的科学。马克思、恩格斯奠定了马克思主义法理学的世界观和方法论基础，开创了法学的新纪元。在《德意志意识形态》和《共产党宣言》中，马克思和恩格斯揭示了法和法的关系根源于社会物质生活条件（关系）、根源于利益的冲突、法随着经济条件的发展而发展等客观规律，揭示了法与阶级、国家的联系，阐明了马克思主义法理学的一系列基本原理。这些基本原理，对于法理学研究具有特别重要的意义。

1. 马克思主义关于思维与存在、社会意识与社会存在关系的理论，对于认识法律现象的性质具有认识论上的根本意义。

2. 马克思主义关于生产力与生产关系、经济基础和上层建筑之间关系的理论，为理解法律的历史发展，剖析法律在社会结构中的地位和功能奠定了理论框架。

3. 马克思主义关于阶级和阶级斗争的理论和阶级分析方法，为认识法律现象的本质和发展规律提供了基本线索。

4. 马克思主义关于普遍联系的辩证法，为认识法律现象与其他社会现象之间的关系，以及认识各种不同法律现象之间的关系，提供了整体思路。

马克思和恩格斯不是职业的法学家，他们很少写过纯粹的法学著作或教科书式的法学读本，但他们所阐述的法理学原理却在法学领域引起了一场伟大革命。马克思和恩格斯的法理学理论在法学史上的革命地位和科学地位，对现代以及今后世界法学的发展的影响，特别是它对亿万劳动人民的启蒙和动员作用，是任何一派法学都无法相比的。马克思和恩格斯所阐述的法理学原理，既划清了马克思主义法理学与以往其他法理学的原则性界限，也构成了新法理学的基础，使法理学从此在科学的基点上前进。

二、马克思主义法理学的具体研究方法

马克思主义法理学之所以能够在众多的法理学流派中独树一帜，表现出明显的理论优势，正是得力于其研究方法的科学性。具体说来，马克思主义法理学突出强调的研究方法有二：

（一）价值分析方法

价值分析方法就是通过认知和评价社会现象的价值属性，来揭示、批判或确证一定的社会价值或理想的方法。马克思主义法理学的一项基本任务就是揭示法的应然状态或价值属性，也就是回答

【拓展阅读】
马克思主义实践性哲学的价值分析法

"法律应该是怎样的"这一问题。法理学最重要的任务就是对各种利益进行评价并确定它们在价值序列中的位阶，当发生利益冲突时，还要提供一种在其中进行取舍的原则和标准。

（二）实证分析方法

正是由于马克思主义法理学要揭示法的应然状态，因此就必须首先对法的实然状态进行描述和展现。比如说，法在现实生活中是如何运行的，法有哪些功能和作用。要解答这样一些关于法的实然状态的问题，就必须借助于实证分析方法。其中在法理学当中运用的实证分析方法主要有：①社会调查的方法；②历史考察的方法；③比较的方法；④逻辑分析方法；⑤语义分析方法。

【拓展阅读】实证分析方法的种种"方法"

第一章　法的概念与本质

本章知识结构图

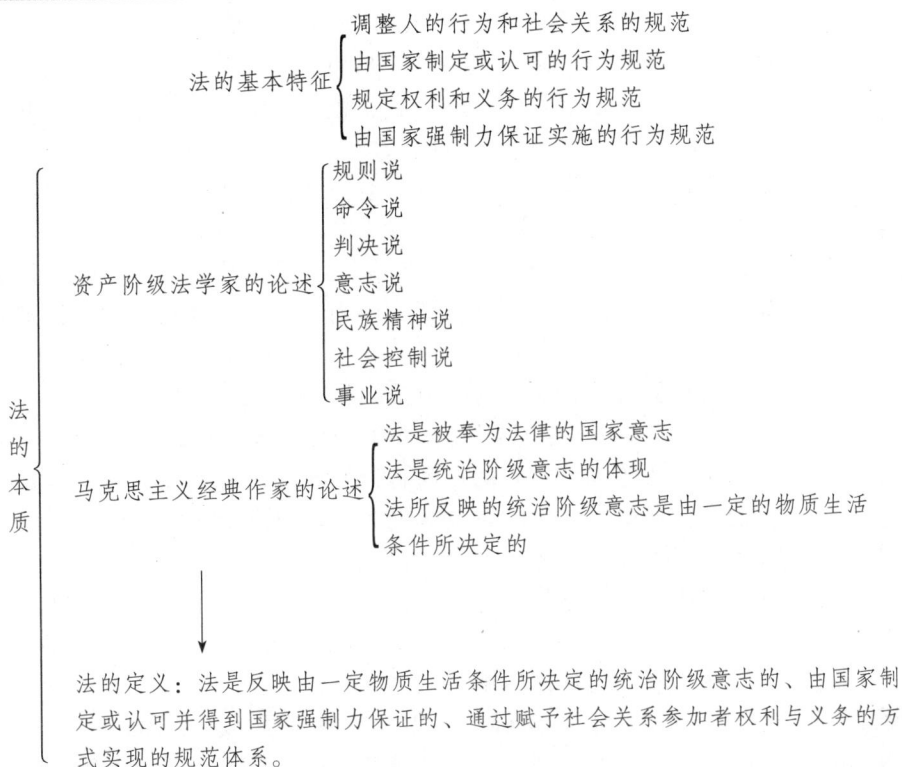

法的基本特征 {
调整人的行为和社会关系的规范
由国家制定或认可的行为规范
规定权利和义务的行为规范
由国家强制力保证实施的行为规范
}

法的本质 {

资产阶级法学家的论述 {
规则说
命令说
判决说
意志说
民族精神说
社会控制说
事业说
}

马克思主义经典作家的论述 {
法是被奉为法律的国家意志
法是统治阶级意志的体现
法所反映的统治阶级意志是由一定的物质生活
条件所决定的
}

法的定义：法是反映由一定物质生活条件所决定的统治阶级意志的、由国家制定或认可并得到国家强制力保证的、通过赋予社会关系参加者权利与义务的方式实现的规范体系。

}

本章重点内容讲解

　　第一章由法的基本特征入手，阐述了法的概念。由于立场的不同，资产阶级法学家与马克思主义经典作家采取了不同的视角看待法的本质。针对考试，考生可对前者的论述略作了解，重点关注并理解后者对法的定义。

第一节　法的基本特征

　　所谓法的特征，是指法律之所以成为法律而与其他事物相区别的标志和表现，其中主要是指法作为一种规范，在与其他规范——如道德规范、宗教规范等——比较的过程中显示出来的独有的品质。具体说来，法具有下述几个基本特征：

一、法是调整人的行为和社会关系的规范

人们的行为规则、规范可以大致分为两大类：一类是调整人与人的关系的社会规范；另一类是调整人与自然界、人与劳动工具之间关系的技术规范。随着技术规则的社会化和社会管理的技术化，又产生了所谓社会技术规范。法律规范是社会规范的一种，它所调整的是人与人的关系，但是也有相当一部分内容属于社会技术规范的范畴，比如管理科学中的许多问题和属于人类与自然界之间关系的内容。但是这些并没有超出法律规范属于社会规范这一范畴，只是由于这类行为可能涉及人的利益、社会的利益，所以才得到了法律的调整。人们通常称现代法律为"规范性法律"，是因为它是一种社会规范，不同于关涉人与自然之关系的技术规范；作为社会规范，它指示的是人们的外在行为准则，而不是内在的道德良知和思想准则。故而，我们主要可以从两个方面来进一步阐释作为行为和社会关系的规范的法的此一特征。

（一）法的调整对象是人的行为或者社会关系

作为法的调整对象的行为是指人的外在行为。法与道德、社会舆论等社会调整手段的重要区别在于，法仅仅调整和约束人的外在行为，而不调整和约束人的内心思想、情感。不过，我们应当看到，法通过约束和规范人的行为，可以影响人的思想、观念。

（二）法的规范性

法的规范性具体体现在三个方面：

1. 法对人们如何行为提出了明确的指示。法律通过告知人们可以做什么，禁止做什么，必须做什么，对人们的行为进行规范和指引。

2. 法的内容具有一般性和概括性。法不是针对某个人、某件事而立的，而是针对一类人、一类事而立的。法对行为的调整表现为一种规范性调整，而非个别性调整。

3. 法是反复适用的。法不是仅适用一次，而是在其生效期限内对其指向的对象反复适用的。

【拓展阅读】
法与其他社会
规范的区别

二、法是由国家制定或认可的行为规范

社会规范的种类很多，除法律规范外，还有道德规范、宗教规范、社会组织规章、行业规章、习惯与礼仪等。法律规范同其他社会规范的一个基本区别是，它是由国家制定或认可的行为规范。因此，国家创立法的方式主要有两种：一是制定，二是认可。制定，即国家机关通过立法活动创制出新的规范。国家制定的法一般以一定的规范性文件表述出来，所以被称为"成文法"。认可，即国家机关赋予某些既存的社会规范以法律效力，或者赋予先前的判决所确认的规范以法律效力，一般是指"习惯法"。

法既然是由国家制定或认可的，它就必然具有国家意志的属性，由此派生出诸多法的特性：一是法的统一性。法的统一性首先指各个法律规范之间在根本原则上的一致；其次是指除极特殊的情况外，一个国家只能有一个总的法律体系，且该法律体系内部各规范之间不能相互矛盾。二是法的普遍适用性。法作为一个整体在本国主权范围内具有普遍的约束力，任何国家机关和个人都不得背离法律规范另搞一套行为规则。三是法的权威性。主要是指法的不可违抗性。

【拓展阅读】
原始习惯
与法律

三、法是规定权利和义务的行为规范

法是以设定权利义务为内容的社会规范。法律权利是指由国家通过法律加以许可的自由意志支配的行为范围。义务是国家通过法律规定，对法律主体的行为的一种约束手段，是法律规定人们应当作出和不得作出某种行为的界限。法的权利义务意味着：①法律是以设定权利义务的行为模式方式，指引人的行为，调整社会关系。②法律通过规定权利义务来进行利益分配，影响人的行为和动机，建立社会关系。③权利义务的存在，意味着人们谋求自身利益的和追求现实利益行为的正当性。

现代法律通过规定各法律主体的权利与义务，来影响人们的行为动机、指引人们的行为方式、规范人们的行为准则，进而达到调整各种社会关系、型构社会生活秩序的目的。这就使法律规范与道德规范和宗教规范有着明显的不同，后者一般说来是通过规定人对人（或群体与社会）或人对神的义务来调整相应的社会关系；也与政党组织和社会团体等的规章相区别，后者的权利与

义务在内容、范围和实现途径等方面，都大异于现代法律关于权利与义务的规定。

四、法是由国家强制力保证实施的行为规范

任何一种社会规范，都有一定的强制性，都有某种保证其实施的社会力量的存在。然而，不同社会规范的强制性在性质、范围、程度和方式等方面是不尽相同的。其他社会规范虽然也有一定的强制性，但不是国家强制性。政党的章程靠政党的纪律保障实施；道德规范由社会舆论、人的良心以及习惯和传统的力量加以维护；宗教规范也主要是靠教徒的内心信念来维护的。法律规范是由国家强制力保证其实现的，法律要想发挥其社会功能就必须以国家的强制力为后盾，由国家对侵权行为和违反法律的行为实施制裁。必须指出，法依靠国家强制力保证实施，这是从终极意义上讲的，而非意味着法的每一个实施过程、每一个法律规范的实施都要借助于国家的系统化暴力；也不等于国家强制力是保证法律实施的唯一力量。另外还要注意，法律的强制力不等于纯粹的暴力。法律的强制力是以法定的强制措施和制裁措施为依据并由专门的机关依照法定程序执行的。法律的强制如果等于简单的暴力，那么统治阶级也就无须采用法律的形式来进行治理，只要有刑场和行刑队这种暴力工具就行了。法律的强制是通过缜密的程序进行的。

第二节 法的本质

一、资产阶级法学家关于法的本质的论述

1. 规则说。例如，以哈特、凯尔森为代表的分析实证主义者认为，法是一批特殊规范，决定什么行动应由公共权力加以惩罚或强制执行。

2. 命令说。这一理论的代表人物奥斯丁认为，法是主权者的命令，该命令是以威胁为后盾的，因此法的效力源于国家强力。

3. 判决说。美国法学家卢埃林和霍姆斯认为，法是对法官判决的预测，法官关于案件的意见才是真正的法律。

4. 意志说。例如，启蒙思想家卢梭认为，法不过是人民的"意志的记录"。

5. 民族精神说。例如，历史法学派的代表人物萨维尼认为，法律是民族精神的体现。

6. 社会控制说。美国法学家庞德认为，法是发达的、政治上组织起来的社会中的一种高度专门化的社会控制形式。

7. 事业说。美国新自然法学派的代表富勒说，法是使人们的行为服从规则治理的事业。

二、马克思主义经典作家关于法的本质的论述

法的现象是法的外部联系和表面特征，是外露的、多变的，是通过经验的、感性的认识就能了解到的。而法的本质则深藏于法的现象背后，是法存在的基础和变化的决定性力量，是深刻的、稳定的，不可能通过感官直接把握，需要通过思维抽象才能把握。剥削阶级法学家和思想家看不到这一点，他们习惯于停留在表面现象就法论法或者把法的现象等同于法的本质，所以他们从未真正发现法的本质。马克思主义创始人对法学的主要贡献在于，依据唯物史观科学地揭示了法的本质及其发展规律。马克思主义法律观的最主要的特征是从"国家—阶级关系—物质生活条件"的关系链来理解法的本质。

（一）法是被奉为法律的国家意志

马克思、恩格斯说，法是"被奉为法律"的统治阶级的意志，这意味着统治阶级意志本身也不是法，只有"被奉为法律"才是法。"奉为法律"，就是经过国家机关把统治阶级的意志上升为国家意志，并客观化为法律规定。正如马克思和恩格斯所指出的："一切共同的规章都是以国家为中介的，都带有政治形式。"而"国家照例是最强大的、在经济上占统治地位的阶级的国家"。我们注意到，马克思和恩格斯在前述论述中使用的是"法律"这一表述。他们之所以用"法律"一词，是由于法律是法的"一般表现形式"。但通观法的历史，法的表现形式并不是只有法律这一种。除法律之外，还有最高统治者的言论、由国家认可的习惯、判例、权威性法理、法学家的注解等。所以可以把马克思、恩格斯所用的"法律"普遍化为所有法的形式。这样就可以说，统治阶级的意志只有表现为国家有权机关制定的规范性文件，才具有法的效力。作为法律的国家意志不同于国家意志的其他表现形式的地方在于，它不是针对个别人、个别情况所颁布的，而是具有普遍的效力。由于

【拓展阅读】
意志与法律
的意志性

法律具有国家意志的特征，所以它表现出一般统治的特点，即法律统治不是任何个人的统治，也不是社会上某一部分人、某一阶级或阶层的统治，而是代表国家意志的统治，社会上所有的人都必须遵守法律。

在马克思主义法律观的关系链中，这仅仅是起点，是认识法的概念的"不言而喻的前提"。

（二）法是统治阶级意志的体现

把法看作一种意志的反映，这并不是马克思主义的首创，如果停留在这里，也不是马克思主义。在马克思主义产生之前，剥削阶级思想家就曾经说过，法是"神的意志""民族意志""公共意志""主权者的意志"等。但是马克思主义创始人首次指出法是统治阶级的意志的表现或反映，是被奉为法律的阶级意志。这就揭露了阶级对立社会中法的本质，驱散了笼罩在法的本质问题上的迷雾。所谓"统治阶级"就是掌握国家政权的阶级。因此，"法律就是取得胜利、掌握国家政权的阶级的意志的表现"。

不过，需要指出，虽然统治阶级意志由统治阶级的根本利益和整体利益决定，但其形成和调节也必然受到被统治阶级的制约。统治阶级在制定法律时，不能不考虑到被统治阶级的承受能力、现实的阶级力量对比以及阶级斗争的形势。统治阶级意志上升为国家意志、被奉为法律之后，在其实施过程中还会遇到来自被统治阶级的阻力。这种阻力会作为一种反馈信息，促使统治阶级调节其立法政策和法律规定。在中国，过去受"左"的思潮的影响，人们对此视而不见或讳莫如深，这是不正确的。但是，我们不能由此而走到另一个极端。应当清楚地看到，在任何情况下，被统治阶级的意志都不能作为独立的意志直接体现在法律里面。它只有经过统治阶级的筛选，吸收到统治阶级的意志之中，转化为统治阶级的国家意志，才能反映到法律中。所以，在阶级对立社会中，法归根到底是统治阶级意志的体现，但是法同时也必须具有社会属性，即代表全社会利益的社会属性。

此外，有些剥削阶级思想家在谈到法的意志性时往往说，法是"统治者"或"强者"的意志。这是非常含糊的。马克思主义认为，法不论是由统治阶级的代表集体制定的，还是由最高政治权威个人发布的，所反映的都是统治阶级的阶级意志，代表着统治阶级的整体利益，而不纯粹是某个人的利益，更不是个别人的任性。当然，统治阶级的共同意志并不是统治阶级内部各个成员的意志的简单相加，而是由统治阶级的正式代表以这个阶级的共同的根本利益为基础所集中起来的一般意志。借用法国资产阶级启蒙思想家卢梭的术语来说就是，法所体现的是统治阶级的"公意"，而不是统治阶级的"众意"。统治阶级意志虽不是各个个人意志的简单相加，但也没有脱离个人的意志而产生和存在。正如马克思和恩格斯所指出的：统治者中的所有个人"通过法律形式来实现自己的意志，同时使其不受他们之中任何一个单个人的任性所左右……由他们的共同利益所决定的这种意志的表现，就是法律"。

（三）法所反映的统治阶级意志是由一定的物质生活条件所决定的

把法的本质首先归结于统治阶级的意志，开始触及到了阶级对立社会的法的本质。但如果认识停止于此，仍摆脱不了唯心主义。要彻底认识法的本质，认识法产生和发展的规律，还必须深入到那决定着统治阶级意志的社会物质生活条件之中。社会物质生活条件培植了人们的法律需要，同时又决定着法的本质。

当然，统治阶级意志的内容由社会物质生活条件决定，这是从最终决定意义上说的。除了物质生活条件外，政治、思想、道德、文化、历史传统、民族、科技等因素也对统治阶级的意志和法律制度产生了不同程度的影响。如果不考虑这些因素，也就不能解释为什么受同样的或相似的社会物质生活条件决定的法律制度之间会有很多差别，为什么几个国家或一个国家在不同地区、不同时期，虽然就经济制度或经济发展水平来说是同样的，但它们的法律却可能存在着千差万别的情况，也就不能完全解释为什么我国社会主义法会具有中国特色。

在法的阶级性与社会物质生活条件制约性的关系上，我们强调社会物质生活条件是法的更深层次的本质，统治阶级的意志是较浅层次的"初级本质"，不是要把二者截然对立起来，更不是要用社会物质生活条件的制约性去否定阶级性。因为在马克思主义的理论体系中，法的阶级性与社会物质生活条件制约性是统一的：①社会物质生活条件都是由一定的阶级即统治阶级来代表的；②社会物质生活条件只有通过统治阶级及其国家的意志这个必不可少的中介才能体现在法律中；③马克思主义关于阶级和阶级斗争的学说正是从对社会物质生活条件的分析中得出的。

【拓展阅读】
社会物质
生活条件

【拓展阅读】
法律的本质：
一个虚构
的神话

通过上述分析，我们可以给法下一个大致的定义：法是反映由一定物质生活条件所决定的统治阶级意志的、由国家制定或认可并得到国家强制力保证的、通过赋予社会关系参加者权利与义务的方式来实现的规范体系。

第二章　法的要素

本章知识结构图

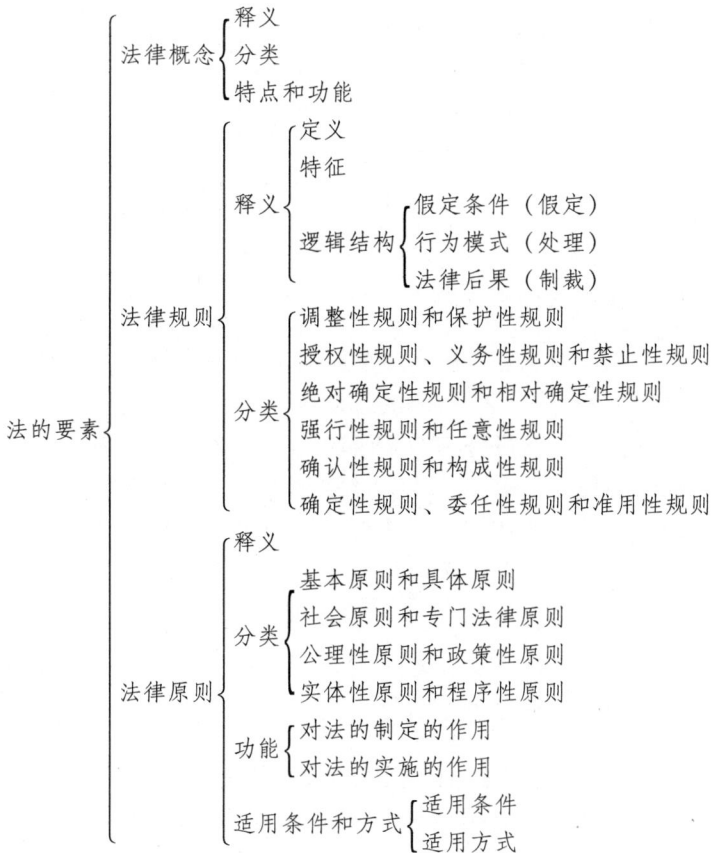

法的要素
├─ 法律概念
│　　├─ 释义
│　　├─ 分类
│　　└─ 特点和功能
├─ 法律规则
│　　├─ 释义
│　　│　　├─ 定义
│　　│　　├─ 特征
│　　│　　└─ 逻辑结构
│　　│　　　　├─ 假定条件（假定）
│　　│　　　　├─ 行为模式（处理）
│　　│　　　　└─ 法律后果（制裁）
│　　└─ 分类
│　　　　├─ 调整性规则和保护性规则
│　　　　├─ 授权性规则、义务性规则和禁止性规则
│　　　　├─ 绝对确定性规则和相对确定性规则
│　　　　├─ 强行性规则和任意性规则
│　　　　├─ 确认性规则和构成性规则
│　　　　└─ 确定性规则、委任性规则和准用性规则
└─ 法律原则
　　├─ 释义
　　├─ 分类
　　│　　├─ 基本原则和具体原则
　　│　　├─ 社会原则和专门法律原则
　　│　　├─ 公理性原则和政策性原则
　　│　　└─ 实体性原则和程序性原则
　　├─ 功能
　　│　　├─ 对法的制定的作用
　　│　　└─ 对法的实施的作用
　　└─ 适用条件和方式
　　　　├─ 适用条件
　　　　└─ 适用方式

本章重点内容讲解

　　本章介绍了法的要素的基本内容，即法律概念、法律规则和法律原则。在法律的运行过程中，三者分别发挥着不同的作用与功能。法律规则是法的最基本、最主要的要素，由假定模式、行为模式和法律后果三个部分构成，且按不同标准可划分为不同的类别。法律原则是为法律规则提供某种基础或本源的综合性的、指导性的原理或价值准则，它的分类、功能、适用条件与方式需要掌握。

要素是指构成某一事物必不可缺的因素，也就是当一个事物要成为该事物时所必须具备的因素。换言之，只有某一事物同时具备了几个要素，它才能成为这一事物，要素对于构成某一事物缺一不可。要素既是构成一个事物的充分条件，也是必要条件。所谓法律要素，是指组成法律系统所不可缺少的各种因素。法律要素在法律系统中占有非常重要的地位，因而确定法律要素是法理学的中心问题之一。一般认为，法的要素包括法律概念、法律规则和法律原则三类。在这三种要素中，法律规则是法律要素的主体部分，法律主要是以法律规则的形式表现出来的；法律原则地位最高，法律规则和法律概念都是在法律原则指导下设定的；而法律概念则是形成法律原则和法律规则的基本语词和意义单位。

【拓展阅读】
西方法理学中关于法的要素的主要观点

第一节　法律概念

一、法律概念释义

法律概念是指在法律上对各种事实进行抽象，对各种事实的共同特征进行概括而形成的权威性范畴。法律概念在法律文件中具有重要作用，它将各种法律现象加以整理归类，为规范和原则的构成提供前提和基础。只有借助于法律概念，立法者才能制定法律文件；只有借助于法律概念，法官才能对事物进行法律分析，作出法律判断；也只有借助于法律概念，研究者才能研究和改进法律。因此，有学者认为，法律概念具有表达法律、认识法律和改进法律三大功能。

二、法律概念的分类

依法律概念的普遍性程度，可以把它分为一般性概念和具体概念；依法律概念所涉及的社会关系种类，可以将其分为宪法概念、刑法概念、民法概念、诉讼法概念等。依照法律概念所涉及的法律事实要素的类别，可以将之分为涉人概念、涉事概念、涉物概念三大类。涉人概念用于界定和区分法律关系的主体，如公民、法人、代理人、权力机关、行政机关等。涉事概念用于界定和区分法律事件和法律行为的性质及类别，包括法律关系主体的各种权利、义务和法律责任，如所有权、人身自由、违约、故意、侵权、刑事责任等。涉物概念泛指具有法律意义的无人格现象，包括标的、证券、不动产、著作等法律关系客体和其他具有法律意义的无人格现象，如程序、管辖、时效、居住地等。

三、法律概念的特点和功能

法律概念在法的系统中的功能主要表现在两个方面：一是认知功能。只有通过法律概念，才能将纷繁复杂的法律现象加以整理和归类，使之相互区别开来，这是建构和发展任何法律体系所必需的。二是构成功能。无论规范还是原则，在形式逻辑上都表现为一定的判断，而任何判断都是两个以上概念的结合，因此法律概念是构成法律规则和法律原则的基本要素。此外，在特定场合，比如说当法律规范不够完备时，法律概念也可以同法律原则结合起来，直接规范主体的行为。

【拓展阅读】
法律概念
的特性

【课后练习
与测试】

第二节　法律规则

一、法律规则释义

（一）法律规则的定义

法律规则是具体规定人们权利义务以及相应的法律后果的行为准则，它是法的要素中最基本、最主要的内容。人类为了自身的生存，必须建立秩序，秩序的建立，就必须通过各种规则，以告诉人们可以做什么和不可以做什么，让人们约束自己的行为，从而形成秩序。规则有多种，比如政治规则、法律规则、经济规则、道德规则、宗教规则等。如此看来，法律规则就是社会规则的一种，它是特定社会群体中一般成员共有的行为规则或标准。这一表述同时也说明了法律规则不同于其他规则之处，即法律规则最重要的特征便是它为社会中的"一般成员"在从事"一般行为"时所共有和服从，从而不像政治规则、宗教规则那样只为属于该政治或宗教团体的成员所遵从，或像经济规则等规则那样只是规范某一类特定行为。因此，严格说来，法律规则是指由国家制定或认可，并由国家强制力保证实施的，以一定的结构形式具体规定人们的法律权利、法律义务以及相应的法律后果的行为规范。

（二）法律规则的特征

在法律诸要素中，与法律原则相比，法律规则具有三大特点：①微观的指导性，即在法律规则所覆盖的相对有限的事实范围内，可以指导人们的行为；②可操作性较强，只要一个具体案件符合规则设定的事实状态，执法人员就可直接适用该规则，一般公民也能较容易地依据规则选择自己的行为方式；③确定性程度较高，与法律原则相比，法律规则的确定性程度要高得多，这个确定性包括它的内容相对明确、恒定，它的效力也较为清楚明确。

（三）法律规则的逻辑结构

法律规则有严密的逻辑结构，这是它与习惯和道德规范相区别的重要特征之一。法律规则的逻辑结构，指的是一条完整的法律规则是由哪些要素或成分所组成，这些要素或成分又是以何种逻辑联系结为一个整体的问题。一个完整的法律规则在结构上由三个要素组成，即假定条件、行为模式和法律后果。

假定条件是指法律规则中有关适用该规则的条件和情况的部分，它把规则的作用与一定事实状态联系起来，指出在发生何种情况或具备何种条件时，法律规则中规定的行为模式生效。任何规则，无论是法律规则，还是其他行为规则，都只能在一定的范围内被适用，也就是说，只有当一定的情况具备时，该规则才能够对人的行为产生约束力。这里所说的"一定范围""一定情况"，就是由法律规则中的假定条件部分来明确的。

行为模式是指法律规则中为主体规定的具体行为模式，即权利和义务，它主要有可为、应为与勿为三种模式，指明人们可以做什么，应该做什么，不能做什么，以此指导和衡量主体的行为。在法律文件中，关于行为模式的规定常常使用这样一些术语或表达方式：可以、有权、有……的自由、不受……侵犯、应当、必须、不得、禁止等。因此，行为模式为人们的行为提供了一个标准和方向。

法律后果是法律规则中规定主体在假定条件下作出符合或者不符合行为模式要求的行为时应当承担相应的结果的部分，它是法律规则对人们具有法律意义的行为所持的态度（赞同还是反对）。法律规则必须规定相应的法律后果，否则法律就等同于空洞的道德说教，难以在社会生活中发挥实际的作用。根据法律规则对假定条件下的行为模式的态度的不同，法律后果又可分为肯定性的法律后果

（合法后果）与否定性的法律后果（违法后果）两种。肯定性后果即法律承认该行为合法、有效并加以保护甚至奖励。否定性后果即法律上对某种行为不予承认、加以撤销以致作出制裁。

一般来说，法律规则在逻辑上是由以上三个部分构成的。在成文法中，法律规则当然也要由法律条文体现出来，但在立法实践中，法律规则在法律条文中的表现形式是多种多样的，一个法律规则并不等于一个法律条文。一个完整的法律规则可以由一个法律条文来表述，也可以由数个法律条文来表述，甚至可以分别在不同的规范性法律文件中来表述。反过来，一个法律条文中可能包含一个、也可能包含多个法律规则。因此，必须要把法律规则和法律条文区别开来。例如，《合同法》第8条第1款规定："依法成立的合同，对当事人具有法律约束力。当事人应当按照约定履行自己的义务，不得擅自变更或者解除合同。"这一法律条文体现了一个古老的法律规则，即必须信守约定。但是，这一条文并不是一个完整的法律规则，因为它没有规定不履行合同的后果是什么，既缺乏"法律后果"这一法律规则的构成要素。当然，《合同法》第107条对不履行合同的"法律后果"作了规定："当事人一方不履行合同义务或者履行合同义务不符合约定的，应当承担继续履行、采取补救措施或者赔偿损失等违约责任。"在这里，可以说这两个法律条文共同构成了一个法律规则。

【拓展阅读】
法律规则与法律条文的关系

二、法律规则的分类

（一）调整性规则和保护性规则

法律一方面要规定哪些行为是合法的，即人们应当或可以怎样行为，另一方面也要规定人们一旦做出违法行为应当承担何种法律责任，受到何种法律制裁。前者通常被称为对社会关系的调整职能，而后者则被称为法对社会关系的保护职能，因为规定法律责任和制裁措施的目的就是抑制违法行为，保护社会关系的正常存在和发展。按照指令性法律规则在法律调整中的不同作用，可以把法律规则分为调整性规则和保护性规则。

调整性规则就是直接体现法对社会关系调整职能的规则，包括授权性规则、义务性规则和禁止性规则。它为社会关系参加者规定了权利和义务，提供了各种合法行为的模式和尺度，其使命在于用法律权利和法律义务的手段确认和调整社会关系，把社会关系"理顺"，并纳入一定的目的和秩序范围之中。

保护性规则体现着法对社会关系的保护职能，它规定的是违法行为所应承担的法律责任和法律制裁措施（包括保护权利的措施）。例如，刑法和治安管理处罚法中的绝大部分规则都是规定这类措施的，其他部门法如民法、行政法、经济法等在规定主体权利义务的同时，也包含了有关法律责任的规定。

调整性规则和保护性规则的区分反映着法律调整发展的专门化趋势。法的调整性职能和保护性职能本来是紧密联系的，但是在法的发展过程中，这两种职能日趋分化，产生出专门规定国家强制措施的指令，这类指令的内容以及对社会关系发生作用的方式都与执行调整职能的指令有所不同。因此，保护性规则也就作为一种独立的指令应运而生。

（二）授权性规则、义务性规则、禁止性规则

依照调整性规则为主体提供行为模式的不同方式，可以将法律规则分为授权性规则、义务性规则、禁止性规则。

授权性规则规定主体享有做出或者不做出某种行为的权利，肯定了主体为实现其利益所必需的行为自由。在法律中，有关权利、自由的规则一般属于授权性规则。被授权的对象可以是个人，也可以是社会组织或国家机关。前者如《宪法》规定的"中华人民共和国公民有宗教信仰自由"，后者如法律法规对国家机关、法人或其他组织的授权。

义务性规则也叫作积极义务规则，是规定主体应当或必须做出一定积极行为的规则。例如，《宪法》规定的"中华人民共和国公民有依照法律纳税的义务"。

禁止性规则规定主体不得做出一定行为，即规定主体的消极的不作为义务，它禁止主体做出某种行为，以实现权利人的利益。例如，《刑事诉讼法》第50条规定的"严禁刑讯逼供"。

（三）绝对确定性规则和相对确定性规则

根据法律规则是否允许个别调整以及允许个别调整的程度，可以将法律规则分为绝对确定性规则和相对确定性规则。

绝对确定性规则明确、具体而又全面地规定了主体权利、义务或者法律责任的内容，没有留下任何余地或者空白，不允许执法和司法人员进行自由裁量。绝对确定性规则在法律条文中通常表达为"应当……""必须……"等。

相对确定性规则是对主体权利、义务或法律责任作出概括规定的同时，又允许执法人员在规则的范围内根据具体事实状态进行选择，作出一定自由裁量的规则。这类规则在法律条文中通常表达为"可以……"等。

（四）强行性规则和任意性规则

根据法律调整是否允许当事人进行自主调整，即按照自己的意愿自行设定权利和义务，可以把法律规则分为强行性规则和任意性规则。

强行性规则为社会关系参加者规定了明确的行为模式，行为主体必须遵守规则的规定，不允许他们自行协议解决问题，违反法定行为方案的协议是无效的。一般来说，禁止性规则与义务性规则都是强行性规则。例如，《刑事诉讼法》第 216 条第 3 款规定的"对被告人的上诉权，不得以任何借口加以剥夺"，就属于强行性规则。

任意性规则是规定权利义务的同时，也允许当事人在法律许可的范围内通过协商自行设定彼此的权利与义务，只有在当事人没有协议的情况下，才适用法律规则的规定。例如，《婚姻法》第 42 条规定："离婚时，如一方生活困难，另一方应从其住房等个人财产中给予适当帮助。具体办法由双方协议；协议不成时，由人民法院判决。"一般来说，公法类法律，特别是刑法、行政法等，因为主要涉及公共利益，故而其中强行性规则较多。而在民商法这样的私法类法律中，由于主要涉及私人利益和尊重当事人的意思自治原则，因而其中任意性规则较多。

（五）确认性规则和构成性规则

按照规则所调整的关系是发生于该规则产生之前还是之后，可以把法律规则分为确认性规则和构成性规则。

确认性规则是对在法律调整之前就已经存在的各种行为方式和行为关系进行评价，通过授予法律权利和设定法律义务对该行为方式行为关系予以确认并加以调整的规则。确认性规则所调整的行为关系在该规则产生之前就已经存在，确认性规则的作用只是按照一定价值标准对这些关系加以区分和选择，将某些既存的社会行为方式上升为法律上的权利义务，使之合法化和规范化，从而纳入法律调整的轨道。确认性规则往往使某种既有行为方式合法化并成为某种权利（如发表言论的自由权），或要求必须按某一行为方式活动，使之成为作的义务（如父母必须抚养未成年子女），或禁止某一行为方式，使之成为不作为义务（如不得盗窃）。

构成性规则是以该规则的规定作为产生某些行为方式的前提条件的法律规则。在构成性规则生效之前，受其调整的社会关系并不存在，只有当规则产生之后，相关的行为才可能出现。如果说确认性规则说明法是一定现实社会关系的法律表现的话，那么构成性规则就体现着法在规划和建构社会关系方面的积极性和能动性。例如，授予审判权的规则和授予诉讼权的规则都属于构成性规则，在这些规则产生以前，相关的审判活动和诉讼活动不可能出现，更谈不上受到法律的调整。

（六）确定性规则、委任性规则和准用性规则

按照法律规则中是否直接规定了某一行为规则的内容，可以把法律规则分为确定性规则、委任性规则和准用性规则。

确定性规则是指直接明确地规定某一行为规则的内容，无须援用其他立法文件加以说明的法律规则。确定性规则应当明确、具体，因而此类规则应是法律规则的主体部分。

【拓展阅读】
雷磊："法律规则"既有学说的发展脉络

【课后练习与测试】

委任性规则又称委托性规则，是指没有明确规定某一行为规则的具体内容，只是委任某一国家机关加以规定的法律规则。例如，《选举法》第 59 条规定："省、自治区、直辖市的人民代表大会及其常务委员会根据本法可以制定选举实施细则，报全国人民代表大会常务委员会备案。"

准用性规则是虽然没有直接规定某一行为规则的内容，但明确指出在这个问题上可以适用其他法律条文或法律文件中某一规定的规则。例如，《刑事诉讼法》第 231 条规定："第二审人民法院审判上诉或者抗诉案件的程序，除本章已有规定的以外，参照第一审程序的规定进行。"

第三节 法律原则

一、法律原则释义

法律原则是指可以作为法律规则的基础或本源的综合性、稳定性原理和准则。法律原则的特点是，它不预先设定任何确定的、具体的事实状态，不规定具体的权利和义务，更不规定确定的法律后果。但是，它指导和协调着全部社会关系或某一领域的社会关系的

法律调整机制。与规则相比，原则的内容在明确化程度上显然低于规则，但是，原则所覆盖的事实状态远广于规则，因而，原则的适用范围也远广于规则。一条规则只能对一种类型的行为加以调整，而一条原则却调整某一个或数个行为领域，甚至涉及全部社会关系的协调和指引。例如，"酒后不得驾驶机动车"是一条规则，它的内容具有高度的明确性，也正因如此，它只能适用于某个特定类型之中的各个具体行为；而"公平对待"则是一条原则，它的内容显然不像前述规则那样明晰，但是，它能够起作用的行为领域是极其宽广的。法律原则的功能主要有三：一是为法律规则和法律概念提供基础或出发点，以对法律的制定和理解法律规则产生指导意义；二是法律原则可以作为疑难案件的断案根据；三是有时法律原则可以直接作为审判的依据，如美国法中的正当程序原则就常常作为直接的审判依据。

【拓展知识】
法律原则与
法律原理

二、法律原则的分类

按照不同标准，可以对法律原则作出不同分类，其中对法学研究和法律适用有较大价值的分类主要有以下四种：

（一）基本原则和具体原则

按照法律原则对社会关系的覆盖面的宽窄和适用范围的大小，可以将其分为基本原则和具体原则。

基本原则是体现法的总体指导思想、基本精神和价值取向的原则，其内容较之具体原则更抽象、更稳定，通常可以适用于整个法律体系。例如，现代法律中的人人平等原则、基本人权不可侵犯原则等就是现代法律的基本原则。

具体原则是基本原则在法的不同领域或法律调整过程中不同阶段的具体化，具体原则的适用必须以基本原则为指导，而基本原则的要求也只有通过大量的具体原则才能在不同领域中获得体现。例如，刑法中的"罪刑法定原则"、民法中的"诚实信用原则"就是具体法律原则。与基本法律原则相比，具体法律原则适用的范围较窄。当然，基本原则与具体原则的划分只有相对的意义，例如，相对于"法律面前人人平等"原则而言，"罪刑法定"就是只适用于犯罪与刑罚领域的具体原则；但是，如把讨论问题的范围限定在刑法领域，则"罪刑法定"就成为刑法的基本原则了。

（二）社会原则和专门法律原则

就法律原则涉及的内容来看，可以将其分为社会原则和专门法律原则。

社会原则是法反映和体现一定形态社会关系的基本内容，确认政治、经济、文化等方面社会制度的原则。社会原则来自社会关系本身，反映法所确认的社会关系中所蕴涵的价值理想，因而在不同社会形态中，社会原则也存在差别。如资本主义社会中的私有财产神圣不可侵犯原则，一夫一妻制原则，即是社会原则。

专门法律原则是反映和体现法律运作自身特点和规律性的原则，可以称之为真正意义上的"法律的原则"。专门法律原则反映法律调整特有的内在规律性，只有遵循这些规律的要求，法律才能充分有效地发挥作用。如法治原则、司法独立原则、无罪推定原则，即是专门法律原则。

法的社会原则与专门法律原则之间存在着目的与手段的关系，社会原则是目的，专门法律原则是实现目的的手段，只有遵守专门法律原则，才能有效地实现法所追求的社会理想。同时，专门法律原则又必须服务于法的社会目标。

（三）公理性原则和政策性原则

按照法律原则产生的基础不同，可以将法律原则分为公理性原则与政策性原则。

公理性原则是从一定形态的社会关系本质中产生出来，得到社会成员广泛公认并被奉为法律准则的公理，即严格意义上的法律原则。例如，现代宪法的人权原则，现代刑法的罪刑法定原则，民法的诚实信用原则，选举法的普遍、直接、秘密、平等原则，行政法中的合法性原则等，都是公理性原则。由于公理性原则来源于社会关系的本质，蕴含着深厚的道义基础，所以它比政策性原则有更大的普适性。

政策性原则是国家在管理社会事务的过程中为实现一定目标而作出并被确认为法律准则的政治决策。政策性原则一般说来是关于社会的经济、政治、文化、国防的发展目标、战略措施或社会动员等问题的。例如，《宪法修正案》规定的"国家实行社会主义市场经济"，或《宪法》第25条规定的"国家推行计划生育，使人口的增长同经济和社会发展计划相适应"，就是政策性原则。政策性原则常具有鲜明的时代特色。

（四）实体性原则和程序性原则

按照法律原则所涉及的内容与问题不同，可以将其分为实体性原则和程序性原则。

所谓实体性原则是指直接规定和确认实体性方面的权利、义务或职权、职责的原则。例如，民法、刑法和行政法中所规定的法律原则大多属于此类。再例如，宪法中的民族平等原则和民法中的契约自由原则也都是实体性原则。

【课后练习与测试】

所谓程序性原则是指规定和确认保证实体性方面的权利、义务或职权、职责得以实现的程序性方面的权利、义务的原则。例如，诉讼法中的当事人法律地位平等原则、回避原则、辩护原则、立法程序中保障多数人和少数人有均等发言机会的原则等。

三、法律原则的功能

（一）对法的制定的作用

1. 法律原则直接决定了法律制度的基本性质、基本内容和基本价值取向。法律原则是法律精神最集中的体现，因而，它构成了整个法律制度的理论基础。法律原则是法律制度的原理和机理，体现了立法者对社会关系的本质和历史发展规律的基本认识，体现了他们所追求的社会理想，体现了他们在处理利益冲突时的基本态度，体现了是非善恶的标准。

2. 法律原则是法律制度内部协调统一的重要保障。在现代社会中，法律规则数目众多，而且这些规则又分别由各级、各类不同的国家机构出于不同的管理需要所制定，如何保障法律的协调统一成为一个突出问题。如果在法的创制过程中，能较好地遵守处于不同层次的各项法律原则，法制的统一就有了基本保障。

3. 法律原则对法律改革具有导向作用。随着社会的变迁，各种新的利益、行为方式以及权利要求等也不断涌现，并且有时与原有的权利、义务分配结构发生冲突，导致法律改革成为现代法制中的常见现象。这种法律变革的前提在于法律原则的变革，某些新的原则取代了原有的原则或者某些原则被赋予新的含义，从而引导整个法律制度沿着新的方向前进。

（二）对法律实施的作用

1. 指导法律解释和法律推理。法律原则是正确理解法律的指南，尤其是当对法律的含义存在多种解释时更是如此。同时，法律原则也构成了法律推理的权威出发点。

2. 补充法律漏洞，强化法律的调控能力。相对于法律规则而言，法律原则具有更大的稳定性，它是补充法律漏洞的不可替代的手段，它可以对法律的空白地带进行调整，从而弥补法律漏洞。

3. 限制自由裁量权的合理范围。在法律实施尤其是法律适用过程中，法律规则常常赋予了适用者多种选择，这时就需要运用自由裁量权来取舍，但是，这种自由裁量权必须保持在合理的范围内，在这方面，法律原则提供了较为理想的约束，不但保障了自由裁量权的行使，而且又使自由裁量权的行使没有突破法律的精神。

四、法律原则的适用条件和方式

（一）法律原则的适用条件

现代法理学一般都认为法律原则可以克服法律规则的僵硬性缺陷，弥补法律漏洞，保证个案正义，在一定程度上缓解规范与事实之间的缝隙，从而能够使法律更好地与社会相协调一致。但由于法律原则内涵高度抽象，外延宽泛，不像法律规则那样对假定条件和行为模式有具体明确的规定，所以当法律原则直接作为裁判案件的标准发挥作用时，会赋予法官较大的自由裁量权，从而不能完全保证法律的确定性和可预测性。为了将法律原则的不确定性减小在一定程度之内，需要对法律原则的适用设定严格的条件：

1. 穷尽法律规则，方得适用法律原则。这个条件要求，在有具体的法律规则可供适用时，不得直接适用法律原则。即使出现了法律规则的例外情况，如果没有非常强的理由，法官也不能以一定的原则否定既存的法律规则。只有出现无法律规则可以适用的情形，法律原则才可以作为弥补"规则漏洞"的手段发挥作用。这是因为法律规则是法律中最具硬度的部分，最大限度地实现了法律的确定性和可预测性，有助于保持法律的安定性和权威性，避免司法者滥用自由裁量权，保证法治的最起码的要求得到实现。

2. 除非为了实现个案正义，否则不得舍弃法律规则而直接适用法律原则。这个条件要求，如果某个法律规则适用于某个具体案件，没有产生人们不可容忍的极端不正义的裁判结果，法官就不得轻易舍弃法律规则而直接适用法律原则。这是因为任何特定国家的法律人首先崇尚的理当是法律的确定性。在法的安定性和合目的性之间，法律首先要保证的是法的安定性。

（二）法律原则的适用方式

如果说法律规则的适用条件是从外在方面保证法律的确定性，那么，法律原则的适用方式就是从内在方面保证法律的确定性。从整体上来说，法律规则的适用方式是涵摄，法律原则的适用方式是衡量。这就意味着如果法律人适用法律原则裁判一个具体案件，那么对该案件来说，就不是只有一个原则可适用，往往是至少有两个法律原则都可适用于该案件，法律人的工作就是在这些相竞争的原则之间进行衡量。这是上述法律原则的特性带来的必然结果。

第三章 法的产生、发展与历史类型

本章知识结构图

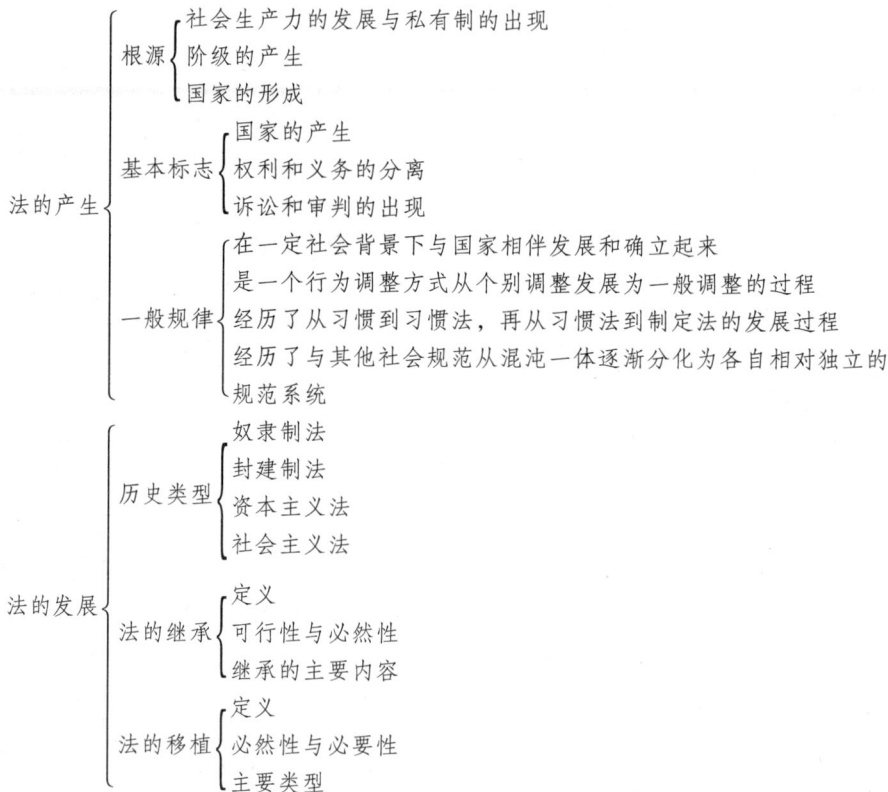

法的产生
- 根源
  - 社会生产力的发展与私有制的出现
  - 阶级的产生
  - 国家的形成
- 基本标志
  - 国家的产生
  - 权利和义务的分离
  - 诉讼和审判的出现
- 一般规律
  - 在一定社会背景下与国家相伴发展和确立起来
  - 是一个行为调整方式从个别调整发展为一般调整的过程
  - 经历了从习惯到习惯法，再从习惯法到制定法的发展过程
  - 经历了与其他社会规范从混沌一体逐渐分化为各自相对独立的规范系统

法的发展
- 历史类型
  - 奴隶制法
  - 封建制法
  - 资本主义法
  - 社会主义法
- 法的继承
  - 定义
  - 可行性与必然性
  - 继承的主要内容
- 法的移植
  - 定义
  - 必然性与必要性
  - 主要类型

本章重点内容讲解

本章介绍了法的产生与发展。法是文明社会的产物，因此可以从原始社会到文明社会的过渡着手，分析总结出法的产生的根源、基本标志和一般规律。按照马克思主义的基本原理，历史上存在过奴隶制法、封建制法、资本主义法和社会主义法，它们从较低级类型的法律依次发展到较高级类型的法律，体现了社会历史的进步。本章重点是资本主义法的发展历史和特征。另外，在法的发展过程中，法的继承和法的移植是两个重要的问题。

第一节　法的产生

列宁指出：对于任何一种科学研究来说，最可靠、最必需、最重要的"就是不要忘记基本的历史联系，考察每个问题都要看某种现象在历史上怎样产生，在发展中经过了哪些主要阶段，并根据它的这种发展去考察这一事物现在是怎样的"[1]。法学研究也必须遵循这一基本方法。迄今为止的人类社会可以分为原始社会和文明社会两大阶段。原始社会是人类历史发展中的第一个社会形态。原始社会没有国家，没有军队，也没有监狱和诉讼，自然也没有法律。原始社会的各种习惯和风俗，对社会关系起着主要调整作用，这是与原始社会生产力水平极其低下以及氏族制度的社会结构相适应的。

【拓展阅读】
氏族组织与
氏族习惯

一、法的产生的根源

唯物史观认为，法的产生同社会生产力的发展以及私有制、阶级和国家的出现是分不开的。

1. 私有制的出现是法形成的经济根源。在原始社会末期，随着三次社会大分工的完成，私有财产出现，社会利益集团分化，由此，需要一套由国家强制力保证的规范来调整新的经济关系。

2. 阶级的出现与阶级矛盾、阶级斗争是法律形成的政治根源。新兴的奴隶主阶级为了维护自身的利益和镇压奴隶的反抗，制定或认可新的行为规范，用以建立对自己有利的社会秩序。

3. 国家机器的出现，为代表奴隶主阶级利益的法律的实施，提供了坚强的后盾，使法区别于原始社会氏族习惯而获得国家强制力。

【拓展阅读】
法的起源
的学说

二、法的产生的基本标志

按照马克思主义的基本原理，阶级意义上的法的产生经历了一个相当长的历史阶段，它的最终形成以下述现象为标志：

1. 国家的产生。在原始社会中，人们在长期的共同生活中自

---

〔1〕　中共中央马克思恩格斯列宁斯大林著作编译局编译：《列宁全集》第4卷，人民出版社2012年版，第26页。

然地形成了各种习惯规范，这种习惯规范存在于传统之中，既不是由某个专门从事管理的机构制定或认可的，也不是靠有组织的暴力来保障实施的。而法律调控则意味着：①有一个专门机构以全社会代表的名义认可或制定权威性的行为规范；②有一批被组织起来的官吏负责执行这些规范；③为了保证这些规范不被蔑视，违反规范者会受到有组织暴力施加的制裁。而这些，正是国家机构所具有的特点，没有此种特殊公共权力的存在，法律既不可能被创制出来，也不可能被有效地实施。因此，代表特殊的公共权力系统的国家机器的产生，使法律不同于原始社会的规范而获得国家的认可、制定并用强制力保证实施。

2. 权利和义务的分离。在原始社会，社会成员依习惯行事，无所谓权利与义务。正如恩格斯在《家庭、私有制和国家的起源》一书中所指出的那样："在氏族制度内部，还没有权利和义务的分别；参与公共事务，实行血亲复仇或为此接受赎罪，究竟是权利还是义务这种问题，对印地安人来说是不存在的；在印地安人看来，这种问题正如吃饭、睡觉、打猎究竟是权利还是义务的问题一样荒谬"。[1]后来出现了权利和义务观念，权利和义务相分离，在财产归属上，有了人我之分，在利益分配上，趋于不平等，即出现了特权。通过法律调整社会关系而形成的法律关系，正是以权利义务的分离为条件，以权利义务为内容的。法律的调控意味着：①法律规范要对各种行为加以明确区分，规定出什么行为可以做，什么行为不得做和什么行为必须做；②在各种法律关系中把相应的权利义务分别明确地分配给不同的法律关系主体。如果没有这种区分，法律就不能实现对各种行为的调控职能。

3. 诉讼和审判的出现。由国家专门的司法机关来解决日趋尖锐化和复杂化的社会冲突，公力救济取代私力救济，使得社会矛盾的解决方式日趋专业化和理性化。在原始社会中，没有诉讼与审判。氏族内部的纠纷由当事人自行解决，部落（由氏族或胞族组成）之间的纠纷则往往诉诸武力，以战争来解决。而法律对社会关系和行为的调控，意味着当事人的"私力救济"被限制和"公力救济"的出现，否则，任由当事人对侵犯权利的行为自行处置，便

【拓展阅读】
法与氏族习惯的区别

---

〔1〕 中共中央马克思恩格斯列宁斯大林著作编译局编译：《马克思恩格斯文集》第四卷（1884－1895年），人民出版社2009年版，第178页。

难以在利益冲突普遍化的状态下保持必要的秩序。这就要求由一个特定的机构来行使审判权，并通过一定的诉讼程序来处理纠纷。

三、法的产生的一般规律

法律从无到有、从萌芽初现到最终形成一种基本制度，在不同的民族和社会中经历了不同的具体过程。然而，在纷繁复杂、差别明显的表象背后，却可以发现一个一般的共同的规律。这种规律主要表现在以下几个方面：

1. 法是在私有制和阶级逐渐形成的社会背景下孕育、萌芽，并与国家相伴发展和确立起来的。从马克思主义理论的角度说，法律并不是与人类社会同步出现的现象，它的产生需要一定的社会条件，只有在共同利益分化为众多的个体利益并导致普遍的利益冲突，仅靠道德传统和社会舆论不足以有效维持社会存在与发展所必需的基本秩序时，法律才有产生的必要和可能。而社会生产力发展所导致的私有制关系、阶级分裂和原始社会调制机制的崩溃，恰恰创造了法律形成的社会条件。同时，法律的形成过程也受到了国家形成过程的促进，反过来，它也确认和助长了国家组织对氏族组织的取代。

2. 法的产生过程是一个行为调整方式从个别调整发展为一般调整的过程。原始社会初期的社会调整，往往是个别调整，即针对具体的人、具体的行为只适用一次的调整。例如，最初的产品交换只是偶然的个别现象，对这种关系的调整也表现为个别调整。个别调整方式和具体情况直接联系，针对性强，但带有较大的不确定性和不可预见性。我国古代文献上所说的"议事以制，不为刑辟"，就是这种情况。随着社会发展，个别调整发展为普遍调整，即统一的、反复适用的规范调整。在国家出现之后，法的普遍调整从一般的规范调整中分离出来，逐渐成为社会关系的主要调整方式。国家法律，由专门机构执行，可以反复适用，是对行为的普遍调整。

3. 法的产生经历了从习惯到习惯法，再从习惯法到制定法的发展过程。最初的法律规范大多是由习惯演变而来的，在法律制度形成的过程中，统治阶级所控制的国家按照现行社会秩序的需要对原有习惯规范进行甄别取舍，继承一部分习惯规范，如关于宗教祭祀的习惯、关于婚姻制度的习惯；在可供选择的同类习惯中取缔某些习惯并保留另一些习惯，如有意识地禁止习惯所允许的血族复仇和同态复仇，而保留赎罪的习惯和根据当事人身份来确定赎罪金数额的习惯；严厉取缔那些与现行秩序直接冲突的习惯，如共同占有的习惯。在经过国家有选择的认可之后，习惯就演变成习惯法。随着社会关系的复杂化和社会文明的发展，国家机关按照一定的程序把体现统治阶级意志和利益的规范以明确的文字形式表现出来，制定法由此而产生。制定法使法律更具有明确性和可预见性。

4. 法的产生经历了与其他社会规范从混沌一体到逐渐分化为各自相对独立的规范系统。其他社会规范包括习惯规范、宗教规范、道德规范等，最初的习惯法是和它们融合在一起的，很难分辨哪些是法律，哪些是其他的社会规范。随着社会的发展、国家的形成，法与习惯、道德、宗教等社会规范逐渐分离。成熟的法，在调整方式、手段、范围等方面自成一体、相对独立，在社会调整体系中占有独特的地位。法律与道德规范、宗教规范的这种分化在不同的社会所经历的过程不完全相同，但是，使法律调整与道德调整和宗教调整相对区分开来，却是一个共同的趋势。

【拓展阅读】
徐昕：私力
救济考

第二节　法的发展

一、法的历史类型

法的历史类型是指依照法所依赖的经济基础的性质和反映的阶级本质的不同而对古今中外的法所做的基本分类。凡经济基础和阶级本质相同的法就属于同一历史类型。法不是永恒不变的，它总是不断进步的。法的发展变化也呈现量变与质变两种形式。法的量变是指法的性质在保持相对稳定的前提下所发生的渐进的、连续的、非根本性的变化。法的质变是随着社会生产方式、社会形态的更迭而发生的变化，即通常所说的法的历史类型的更替。法的历史类型是马克思主义法学对法的本质进行的分类，它不考虑法的外部特征和历史传统等因素，但是，这种分类对于揭示各种法的本质及其发展变化的基本规律具有重要意义。人类进入阶级社会以后经历了四种社会形态，与之相对应，法有四种类型：奴隶制法、封建制法、资本主义法和社会主义法。前三种法由于都建立在生产资料私有制基础上，主要体现剥削阶级的利益和意志，可统称为剥削者类型的法。社会主义法是根本有别于剥削者类型法的最新类型的法律，体现了工人阶级领导的广大人民的意志和利益。

（一）奴隶制法

奴隶制法是人类历史上最早出现的私有制类型的法，世界上最早产生的奴隶制法是古代的埃及法、巴比伦法和中国法。古埃及约在公元前 3000 年左右形成了中央集权的君主专制国家，法老（君主）的命令是主要的法律渊源，并对古希腊和古罗马法有一定影响。古代巴比伦国王汉穆拉比在公元前 18 世纪制定的《汉穆拉比法典》是世界上迄今为止基本上完整地保留下来的最早的成文法典，也是美索不达米亚地区楔形文字法中最有代表性的一部法典。中国奴隶制法产生于公元前 21 世纪，据史籍记载："夏有乱政，而作禹刑"，"商有乱政，而作汤刑"，周代有《吕刑》。古代西方奴隶制法是在生产力发展较高的水平上产生的，比古代埃及法、巴比伦法和中国法大约要晚很多世纪，最具代表性的是古希腊法和古罗马法。其中，公元前 449 年颁布的《十二铜表法》是古罗马以原始习惯为基础的第一部成文法。公元 6 世纪东罗马皇帝查士丁尼在位时期，进行了大规模的法典编纂，先后编出《查士丁尼法典》《法学阶梯》《法学汇纂》以及后来增补的《查士丁尼新律》。这四部法律文件被后人统称为《查士丁尼民法大全》，是反映简单商品经济关系的法律，被恩格斯评价为"商品生产者社会的第一个世界性法律"。

奴隶制法与奴隶制经济结构和阶级结构相适应，奴隶制法是奴隶制国家制定或认可，体现奴隶主阶级意志的法律，是奴隶主实现阶级统治的工具。奴隶制法确认奴隶制生产关系，维护奴隶主阶级的经济、政治、思想统治地位，维护奴隶主阶级对奴隶的人身占有，刑罚极其野蛮和残酷。奴隶制法的主要特征有：

1. 明显带有原始习惯的某些残余。奴隶制社会是从原始社会脱胎而来的，奴隶制法最初的习惯法也是由原始社会的某些行为规范演变而来的。所以，奴隶制法不可避免地带有原始社会行为规范的某些遗迹。如某些奴隶制国家的土地国有或公有制，法的渊源主要表现为习惯法，以及仍保留血亲复仇和同态复仇等习惯，就是原始社会行为规范在奴隶制法中的反映。

2. 否认奴隶的法律人格，公开确认奴隶主对奴隶的人身占有。奴隶制经济结构的特点，决定了奴隶制法在维护奴隶主对生产资料占有权的同时，还特别维护奴隶主对奴隶的占有权。这也是奴隶制法不同于其他剥削阶级法的一个突出的特征。按照奴隶制法的规定，奴隶是权利客体，是"会说话的工具"，奴隶主依法把奴隶视为自己的私有财产，对奴隶拥有绝对的占有权和支配权。

3. 惩罚方式极其残酷，且带有任意性。奴隶社会的经济关系是一种公开的、直接掠夺奴隶的剥削关系，它把政治强制和经济剥削直接地结合起来。反映这种经济关系的奴隶制法也必然带有公开残暴、恐怖统治的特点，这突出地表现在刑罚量刑苛重，广泛地使用死刑和肉刑，死刑方法也名目繁多，手段残忍。如我国古代奴隶制法有大辟、车裂、醢、脯等；罗马法也规定有烧死、钉在十字架上和放到角斗场让野兽撕吃等酷刑。

4. 公开确认自由民之间的等级划分。除明文规定奴隶的无权地位外，奴隶制法还公开确认自由民之间的不平等。如罗马法将自由民分为三等：一等为全权公民即奴隶主；二等为释放的奴隶及收养的外来人，享有有限公民权；三等是外来人。奴隶制法公开规定不同等级的人有不同的法律地位。无论在国家权力的分配上，在对国家承担的义务上，还是在对违法犯罪行为实施的惩罚上，都按其社会等级不同而有差异。

（二）封建制法

封建制法是继奴隶制法之后出现的又一种私有制类型的法。一般来说，封建社会的法维护封建领主或地主占有土地以及封建的人身依附关系，维护封建等级制度，维护专制王权，君主的权力高于一切，刑罚严苛擅断。中国在战国时期，李悝著《法经》六篇，它是中国第一部较系统的封建法典。以后商鞅在秦国变法，奉行《法经》，改法为律，并随着封建制国家的统一形成了全国统一的以"律"为主要形式的封建制法。其中，《唐律》是中国封建制时代最具代表性的法律，它不仅影响唐后各代王朝法律，且对当时邻近中国的越南、日本、朝鲜等国的法律影响很大，形成独具特色的中华法系。在西欧中世纪时期，有多种法律并存，并相互交错渗透，诸如地方习惯法、罗马法、教会法以及国王的赦令等。在不同时期不同国家，各种法的地位也有所不同，总体上都经历了由分散的地方习惯法向全国统一的成文法的发展过程。东西方的封建制法，大体说来有如下四个特征：

1. 确认和维护地主与农民通过土地形成的人身依附关系。封建土地私有制是封建制度的基础，农民或农奴对封建主的人身依附关系是这种所有制的必然产物，是维持和加强封建剥削必不可少的条件，也是维持封建制生产关系不同于其他剥削制生产关系的一个重要特点。因此，封建制法在维护封建土地所有制的同时，确认和保护农民或农奴对封建主的人身依附关系。如在西欧，以法兰克王国为例，封建领主将一部分土地交给农奴使用，农奴取得分地后，即被固定在土地上。法律规定，农奴不准擅自离开土地，封建领主有权将农奴同土地一起出卖、抵押或转让。在中国，封建经济是以家庭为单位组织起来的，自耕农耕种自己私有或国家分配的土地，少地农民则租种地主的土地，但在中国的封建时代，农民具有相对独立的法律人格和人身自由，这一点不同于西方封建社会。

2. 确认和维护等级特权制度。公开确认和维护封建等级特权是封建制法的一个重要特征，但是，在不同的社会和国家里，等级制的森严程度并不完全相同。在西欧社会，不仅统治阶级可以区分出国王、公爵、侯爵、伯爵、子爵、男爵、骑士等身份，而且被统治阶级也可以分成自由佃农、维兰、边农、农奴等不同身份。并且各个身份之间的流通几乎被完全隔断。中国封建时代也有身份划分，但一般来说，中国封建社会官吏集团在吸纳社会精英的能力方面，远比同时代的西欧要强。

3. 维护专制王权。这一特征在东方封建制法中最为典型，西欧则有些逊色。在中国，封建法律首先维护皇权的至高无上和皇族的特殊利益，"十恶"大罪首先就是为维护帝王和皇室尊严而设立的。同时中国的封建法律也维护大小贵族及大小官吏、地主的特权，如"恩荫""八议制"等制度，但这些特权的维护，最终仍是为了维护专制王权。在西欧，王权受到两个方面的制约：一是贵族集团世袭特权的制约；二是教会权力的制约。由此而形成的一种说法就是，"国王站在一切人之上，但须站在上帝和法律之下"。

4. 刑罚严酷，野蛮擅断。封建社会经济文化的落后性以及封建统治者需要残暴的手段来迫使人民服从其统治，决定了封建制法必然是野蛮的、残酷的。在中国，封建制法虽革除了奴隶制时代的一些肉刑，但仍沿用奴隶社会"五刑"之名，规定为笞刑、杖刑、徒刑、流刑和死刑。其中死刑的方式有斩首、腰斩、枭首示众、车裂、凌迟等。此外，株连是中国封建制法的一大特征。在西欧，封建制刑法也极残酷，如对背叛罪、渎神、神学"异端"等都处以酷刑，另外法律中也有株连的规定。

（三）资本主义法

资本主义法萌芽于封建社会后期，是随着商品经济的发展和资本主义生产关系的确立而产生的。资本主义法维护以剥削雇佣劳动为基础的资本主义私有制。资本主义法确立了不同于奴隶制法和封建制法的近代法治原则：法律面前人人平等、契约自由、保护私有财产神圣不可侵犯等。这是人类历史上法制水平和法律文化的跨越式进步。因此，与以往的剥削阶级法相比，资本主义法主要体现在一些具体的法治原则之中：

1. 私有财产神圣不可侵犯原则。确认和维护资本主义私有制即资产阶级的财产权，是资本主义法律制度的核心内容。在资产阶级夺取政权以后，就以宪法的形式将早在反对封建统治斗争中提出的"私有财产神圣不可侵犯"的原则加以确认。如1789年的法国《人权宣言》就明确规定："财产是神圣不可侵犯的权利，除非当合法认定的公共需要所显然必要时，且在公平而预先赔偿的条件下，任何人的财产不得受到剥夺。"资本主义宪法对财产权作了原则性规定，其他法律特别是民商法对财产权的保护作了详尽的规定。

维护资产阶级的财产权是资本主义法的核心内容，但在资本主义发展的不同阶段，其具体内容和表现形式是有所不同的。在自由竞争资本主义阶段，自由竞争占主导地位，与此相适应，法律以权利为本位，扮演的是一个"看守人"的角色，对经济生活采取自由放任不直接干预的政策，坚持的法律原则是私有财产的绝对性、契约无限性以及过失责任原则，其代表性的法律是《法国民法典》。但到了垄断资本主义阶段，特别是一般私人垄断发展为国家垄断资本主义阶段后，垄断占据了主导地位，国家对经济生活的干预日益加强，法在经济生活中的作用也大大扩展。与此相适应，资本主义法在肯定私有财产的同时，出现了所谓的"社会化"趋势，即法律不仅应保护个人权利，而且更应着重保护社会利益，强调以权利为基础的社会本位精神，其代表性的法典是《德国民法典》，财产关系的基本原则也相应变化为：私有财产权行使的有限性、合同自由的有限性以及无过失也应负损害赔偿的责任。因此到了20世纪初，资本主义所有权的滥用开始受到限制，所有权的行使"不得侵害社会公共利益"成了重要的法律原则，这也是当代资本主义法制区别于近代资本主义法制的重要标志。

2. 契约自由原则。这一原则是指，个人之间的契约关系，应根据契约当事人的自由意思决定，而不受国家的干涉。契约自由原则的内容包括：是否缔结契约的自由（缔约的自由），与谁缔结契约的自由（对象选择的自由），订立什么内容的契约的自由（内容的自由），以何种方式订立契约的自由（方式的自由）。资本主义法律制度首次把契约自由上升为调整社会经济关系的基本原则。这一原则意味着，一切人都具有独立的法律人格，具有平等的法律地位，可以自由处分自己的权益，并在双方达成合意的情况下建立或改变彼此之间的权利义务关系。契约自由原则对于近代资本主义经济的发展意义不可估量。

需要注意的是，近代资本主义法的契约自由原则是以绝对的、极端的形式表现出来的，国家和法律对契约关系的形成持放任的态度，由此引发了许多社会矛盾和不道德行为。比如说，在完全的契约自由原则下，工人的工作时间甚至可以增加到每日 16 小时，但他们的劳动收入却可能会让他们仍然处于赤贫状态。这就使得工人阶级实际上仍然处于不自由的状态，因而就使初期的启蒙理想遭到彻底破坏。自 20 世纪初开始，契约自由原则与私有财产权神圣不可侵犯都受到了法律的限制，绝对的契约自由因此发展到相对的契约自由。这是近代资本主义法制与当代资本主义法制的一种重要差异。

3. 法律面前人人平等原则。法律面前人人平等的观点，早在古希腊时期就曾经提出过，但作为法制的一个基本原则，是在资产阶级革命时期提出来的。1776 年 7 月 4 日美国的《独立宣言》和1789 年 8 月 27 日法国的《人权宣言》，都提及了这一原则。如美国 1776 年《独立宣言》称：我们认为这些真理是不言而喻的：人人生而平等，他们都从他们的造物主那边被赋予了某些不可转让的权利，其中包括生命权、自由权和追求幸福的权利。1789 年法国《人权宣言》也宣称：人们生来是而且始终是自由平等的；任何政治结合的目的都在于保存人的自然的不可动摇的权利。这些权利就是自由、财产、安全和反抗压迫。资产阶级确立这一法治原则，是对封建阶级特权的否定，在人类社会发展史上是巨大的进步。法律面前人人平等原则，具体说来包含三点：①所有自然人的法律人格（权利能力）一律平等。这种权利能力生而具有，不以任何特定事实为条件。②自然人中的所有公民都具有平等的基本法律地位。公民是一种法律地位，它与基本权利和义务相联系，只要具有公民资格，就享有与其他公民平等的基本权利和义务。③法律平等地对待同样的行为。法律在对行为施加保护和惩罚时，只关注行为的性质和后果，而不关注行为人的身份。

法律面前人人平等原则的确立，是人类社会从古代法律制度进入现代法律制度的最主要的标志，它宣告了等级社会和专制国家的死亡，因而具有划时代的意义。但是，在近代资本主义法制中，法律面前人人平等原则并没有得到全面实施。其突出的表现是：①公民的选举权和被选举权这一最重要的政治权利，受到了财产资格的限制，从而使许多普通劳动者的政治权利被不平等地剥夺了。②对工人的结社权利加以限制，工会和工人阶级政党长期被宣布为非法。③法律公开允许种族歧视，在某些国家甚至使奴隶制合法化。④法律上承认性别歧视，妇女与男性在基本权利的享有上是不平等的。因此，资本主义近代法制中的人人平等原则，由于经济基础和传统观念的原因，仍然存在很大问题。正如恩格斯指出的，"无产阶级抓住了资产阶级的话柄：平等应当不仅是表面的，不仅在国家的领域中实行，它还应当是实际的，还应当在社会的、经济的领域中实行"。正是在无产阶级的不懈斗争下，从 20 世纪中期开始，资产阶级国家不得不逐渐对这种仅仅强调形式平等的法律进行了修改或废除。

除了上述三项原则之外，资本主义法律制度还有人民主权、法律至上、有限政府、分权制衡、普选代议等许多重要原则。不过，相对来说，这些原则，从根本上说都是为了保障私有财产不受侵犯，为了保证商品生产的交换在契约形式下正常进行，为了保障资产阶级成员平等地参与对国家政权的控制而确立下来的。

（四）当代中国的社会主义法

社会主义法是人类历史上出现的崭新的法律类型。它同以往私有制法律的根本区别在于：它建立在生产资料公有制的基础之上，维护劳动者作为统治阶级的利益，追求公民权利与义务的统一、阶级性与人民性的统一。中国社会主义法的发展经历了曲折的过程，改革开放以来，法在社会生活中的作用不断提高，依法治国，建设社会主义法治国家，已成为全社会的共识。

我国的这种建立在社会主义经济基础之上，反映工人阶级领导的全国人民共同意志的社会主义法，决定了它具有根本不同于一切

剥削阶级法的基本特征。

1. 阶级性与人民性的统一。我国社会主义法在本质上与其他历史类型的法一样具有阶级性，然而，由我国的经济基础和阶级结构所决定，工人、农民、知识分子和一切热爱社会主义的人都是统治阶级，属于人民的范围，国家的一切权力属于人民，阶级性的内容及其与人民性的关系已经发生了质的变化，体现在法中的阶级性与人民性不再是对立关系，而是一致关系，它的阶级性正是通过对全体人民的共同意志和利益加以确认而表现出来的。其他历史类型的法正好相反，其阶级性和人民性是对立的关系，相互排斥的，充其量也只是在局部范围或形式上具有某种程度上的有限的人民性。

2. 国家意志性与高度科学性的统一。所谓法的科学性，是指法与客观规律的关系，法反映客观规律的程度。任何历史类型的法都是国家意志的表现形式，但它是否始终具有科学性却不能一概而论。一切剥削阶级类型的法只有当该阶级处于上升时期，或该阶级代表的生产关系还未完全变为生产力发展的桎梏时，才能与客观规律在实质上相一致，才具有科学性，此后，受少数人狭隘利益所局限，法便日渐与历史发展规律相背离，逐渐丧失其科学性。而我国社会主义法所反映的是用马列主义理论武装起来的工人阶级领导的全国人民的共同利益，而这种共同利益的具体内容尽管随着社会的发展变化也在相应地发展变化，但它与历史发展的基本方向和基本规律是一致的。因此，国家意志和高度的科学性就能够在社会发展过程中保持统一性。

3. 权利性和义务性的统一。法是社会权利（职权）和义务（职责）的一种分配和保护。任何历史类型的法都是如此。但一切剥削阶级类型的法往往公开地确立和维护等级特权，或受生产资料私有制所决定而对人们权利和义务的分配只能是形式上的平等，少部分人更多地享有权利（特权），大多数劳动人民更多的是承担义务，法的权利性和义务性不能实质地统一。只有建立在生产资料公有制基础之上的体现全体人民共同利益的实现人民当家作主的社会主义法，才能真正地实现人们权利与义务的统一。在社会主义社会国家，一切权力属于自食其力的劳动者，法律反对任何特权的存在，人们享受权利就要承担义务，没有无权利的义务，也没有无义务的权利，权利与义务是高度统一的。

4. 广泛的社会性与真正的民主性的统一。一般说来任何类型的法都在一定时空范围和一定程度上具有社会性。但一切剥削阶级法的社会性都有明显的阶级局限性，是以维持剥削阶级的政治统治为目的，以维护剥削阶级民主，巩固其国家政权不受侵犯为极限。因此，受剥削阶级私利的制约，剥削阶级法是一种狭隘的社会性和民主性的结合。而社会主义法的社会性，则以巩固工人阶级为首的全体人民当家作主的政治地位为目的，要弘扬社会主义民主，维护人民的国家政权。这种政权正如马克思指出的："是社会把国家政权重新收回，把它从统治社会、压制社会的力量变成社会本身的生命力。"因此，作为体现人民意志和社会本身生命力的法，已不再是维护少数剥削者民主的工具，而是维护占社会绝大多数的人民群众广泛而真正民主的手段，并为人类社会民主向更高阶段发展开辟了前进的道路。因此，社会主义法是广泛社会性和真正民主性的统一。

二、法系

（一）法系的含义

法系是在对各国法律制度的现状和历史渊源进行比较研究的过程中形成的概念，是按照世界上各个国家和地区法律的源流关系和历史传统以及形式上某些特点对法律所作的分类，通常把那些形式上具有一定相同或相似特点的，属于同一历史传统的，具有相同源流关系的法律体系归为一类，或者说划分为一个大家族，统称法系。总体而言，我们可以将法系这一概念定义为：法系是根据历史渊源、历史传统、存在样式和运行方式的不同而对当今法律制度所作的分类。

（二）西方国家两大法系的含义与区别

法学界通常认为，当代资本主义世界主要法系有两个：大陆法系和英美法系。

大陆法系，又称民法法系、罗马法系、法典法系、罗马—德意志法系等，它是指法国、德国等欧洲大陆国家，在承袭罗马法的基础上，以1804年《法国民法典》和1896年《德国民法典》为代表的法律制度，以及在其法律传统影响下仿照它们而形成、发展起来的各国法律体系的总称。大陆法系最先产生于欧洲大陆，以罗马法为历史渊源，以民法为典型，以法典化的成文法为主要形式。属于大陆法系的国家和地区除了法国、德国外，还包括意大利、西班牙、葡萄牙、荷兰等欧洲大陆国家，也包括曾是法国、西班牙、荷兰、葡萄牙四国殖民地的国家和地区，如阿尔及利亚、埃塞俄比亚等以及中美洲的一些国家，国民党统治时期的旧中国也属于这一法系。大陆法系包括两个支系，即法国法系和德国法系。法国法系是以1804年《法国民法典》为蓝本建立起来的，它以强调个人权利为主导思想，反映了自由资本主义时期社会经济的特点。德国法系是以1896年《德国民法典》为基础建立起来的，强调国家干预和社会利益，是垄断资本主义时期法的典型。

大陆法系的特点有如下几个：①法律成文化和法典化；②不承认法官有创制法律的权利，否认判例具有法律效力；③在法律分类上，有公法与私法之分；④在诉讼中，大陆法系坚持法官的主导地位，奉行职权主义；⑤一般采用民刑诉讼与行政诉讼分开的管辖体制，在法院机构的组织、庭审模式方面都由法律明确规定。

英美法系，又称普通法系、判例法系、不成文法系、盎格鲁—撒克逊法系，它是以英国中世纪法律，特别是以它的普通法为基础而形成和发展起来的各个国家和地区法律的总称。英美法系首先起源于11世纪诺曼人入侵英国后逐步形成的以判例形式出现的普通法。原先英国通行盎格鲁—撒克逊人的日耳曼习惯法，教会法和罗马法在当地也有一定影响。1066年诺曼公爵威廉入侵后，随着土地被转入诺曼贵族，在加强中央集权王权的同时，英国国王派官员至全国各地进行巡回审理，并逐渐建立了一批王室法院，以后通称为普通法院。这些官员和法院根据国王敕令，并参照当地习惯进行判决。在这种判决的基础上，逐步形成了一套全国适用的法律，通称为普通法。因此，普通法系是以英国的普通法、衡平法和制定法为基础，融入罗马法、教会法以及中世纪商法的若干原则而逐步形成的一个法系。英美法系的范围，除英国（不包括苏格兰）、美国外，主要是曾是英国殖民地、附属国的国家和地区，如印度、巴基斯坦、新加坡、缅甸、加拿大、澳大利亚、新西兰、马来西亚等。中国香港地区也属于英美法系。

英美法系的特点是：①普通法系是法官的创造物，法官在普通法系的形成和发展中发挥了重要作用；②普通法系的渊源是以不成文法为主，判例是最主要的，而制定法、习惯法、学说、情理在普通法系中只起次要作用，普通法系国家一般都反对法典化，反对进行法典编纂；③在法律分类上，普通法系有普通法与衡平法之分，无公法和私法之分；④在法院的建制方面，普通法系没有独立的行政法院系统，民刑事案件与行政案件均由同一法院即普通法院系统受理；⑤普通法有一套独特的概念术语。

大陆法系和英美法系由于形成的历史过程不同，所以在形式和内容方面都有很多差别。

1. 法的渊源不同。在大陆法系国家，正式的法的渊源只是指制定法或成文法，即宪法、法律、行政法规等，法院的判例、法理等，没有正式的法律效力。在英美法系国家，制定法和判例法都是正式的法的渊源。英美法国家承认法官有创制法的职能，判例法在整个法律体系中占有非常重要的地位，遵循先例是英美法系的一个重要原则。

2. 法律结构不同。大陆法系国家法承袭了古代罗马法的传统，其法律的基本分类是公法和私法，私法主要指民法和商法，公法主要指宪法、行政法、刑法和诉讼程序法，进入20世纪后又出现了社会法、经济法、劳动法等含有公、私两种成分的法。英美法系国家无公法和私法之分，法的基本分类是普通法和衡平法。普通法是在普通法院判决基础上形成的全国适用的法律，衡平法是由大法官法院的判例形成的法律。

3. 法典编纂的不同。大陆法系国家承袭古代罗马法的传统，一般采用法典形式，而英美法系国家通常不倾向法典形式，制定法往往是单行法律、法规。即使后来英美法系国家逐步采用法典形式，也主要是判例法的规范化。

4. 法官权限不同。在大陆法系中，法官只能援引成文法的规定来判决案件，法官对成文法的解释也须受到成文法本身的严格限制，故法官只能适用法律而不能创造法律。英美法系的法官既可以援引成文法也可以援引已有的判例来审判案件，而且也可以在一定条件下运用法律解释和法律推理技术来创造新的判例，因此法官具有一定的创造法律的权力。

5. 诉讼程序和判决程式不同。大陆法系国家一般采用纠问制审理模式，奉行干涉主义，在诉讼中法官居于主导地位；法官除了审理案件事实外，首先考虑制定法如何规定，随后按照有关规定来判决案件。英美法系国家采用对抗制诉讼模式，实行当事人主义，法官一般充当消极的、中立的裁定者的角色；与这种对抗制程序同时存在的是陪审团制度，陪审团主要负责认定事实、作法律上的基本结论（如有罪或无罪）。法官在作出判决时，首先要考虑以前类似案件的判例，将本案的事实与以前案件事实加以比较，然后从以前判例中概括出可以适用于本案的法律规则。

需要指出的是，两大法系之间的差别是相对的。进入 20 世纪以后，两大法系之间相互交流不断加强，相互借鉴、相互汲取的程度和深度不断加大和深化，因而差别逐渐缩小，呈现为相互靠拢、相互融合的趋势。如法国国家行政法院、德国联邦宪法法院、瑞士联邦法院、西班牙最高法院等在某些方面也采用判例法或承认判例有拘束力。在英美法系各国，制定法的地位也在不断提高。但是，在总体上，两者所承袭的传统及各自的存在样式和运行方式仍然有重大的差别，恐怕在短期内不容易完全合一。

【课后练习与测试】

三、法的继承

所谓法的继承就是指不同历史类型的法之间的延续、相继、继受，一般表现为旧法（原有法）对新法（现行法）的影响和新法对旧的承接、继受或借鉴。从处理法律继承问题的主体的角度来看，法律继承实际是一种批判的、有选择的继承，即在否定旧法固有阶级本质和整体效力的前提下，经过反思、选择、改造，吸收旧法中某些依然可用的因素，赋予它新的阶级内容和社会功能，使之成为新法体系的有机组成部分。

（一）法的继承的可行性与必然性

新法之所以可以而且必然批判地继承旧法中的某些因素，主要的根据和理由有以下几点：①社会生活条件的历史延续性决定了法律继承性。从根本上说，法律继承性的依据在于社会生活条件的延续性及继承性。根据历史唯物主义的观点，人类社会每一个新的历史阶段开始时，它不可避免地要从过去的历史阶段中继承下来许多既定的成分，生活于现实社会的一代人只能在历史留给他们的既定条件所允许的范围内重新塑造社会的形象和书写他们的历史。法是社会生活的反映，尽管这种反映是通过人类的意识做出的，尽管立法者在表现社会生活条件时有一定范围的选择自由，但是，只要那些延续下来的生活条件在现实的社会中具有普遍意义，那么，反映这些生活条件的既有规则就会或多或少地被继承下来并被纳入新的法律体系之中。②法律的相对独立性决定了法律发展过程的延续性和继承性。作为与经济基础相对应的社会意识形态或社会上层建

筑，具有相对的独立性，即社会意识在反映社会存在的同时，还具有自身的能动性和独特的发展规律。这种独特的发展规律就是，每一历史时期的社会意识及其诸形式都同它以前的成果有着继承关系。也正是由于这种历史的继承性，社会意识及其诸形式的发展才能持续而不中断，才有其可追溯的历史线索。同时由于历史继承性在不同历史条件下的表现，才形成了各具特色的民族法律文化传统。③法作为人类文明成果的共同性决定了法律继承的必要性。法作为社会调整或控制的技术，是人类自身社会的性质、经济、政治、文化以及其他社会关系及其客观规律的科学认识的结晶。这些认识成果不管形成于何种社会，具有什么特定的时代性、阶级性和社会性，都是人类认识的成果和人类文明的标识，具有超越时空的长久而普遍的科学性、真理性和实践价值。因为文明本来就是借鉴、积累和升华的产物，作为人类文明成果的法律制度亦不例外。所以，任何后继的法律制度都绝不可能是在世界法律文明发展的大道之外产生的，而是人类以往法律思想、法律技术和法治经验的继续和发展。④法律发展的历史事实验证了法律的继承性。人类法制史的实践证明，不仅私有制即剥削阶级类型的法之间可以继承，社会主义法也可以而且必然要批判地借鉴前社会主义社会的法。这已成为法的历史发展进程中一个必然规律。

（二）法的继承的主要内容

法律继承的内容十分广泛。就社会主义法对资本主义法的继承来说，一切能够与科学、理性、民主、自由、公平、人权、法治、和平、秩序、效率为内容的时代精神融为一体的那些富有生命力或再生能力的积极因素都在继承之列。具体而言，法律继承的内容可归纳为以下几个方面：①法律技术、法律概念；②反映商品经济规律的法律原则和法律规范；③反映民主政治的法律原则和法律规范；④有关社会公共事务的法律规定等。由于以上几个方面集中体现了人类共同的法制文明成果，因而成为法律继承的主要内容。

四、法的移植

把医学上的"移植"这个术语引入法学领域，便形成了"法律移植"这样一个合成概念。法律移植所表达的基本意思是：在鉴别、认同、调适、整合的基础上，引进、吸收、采纳、摄取、同化外国的法律（包括法律概念、技术、规范、原则、制度和法律观念等），使之成为本国法律体系的有机组成部分，为本国所用。法律移植的范围，一是外国的法律；二是国际法律和惯例，通称国外法。法律移植是以被移植的国外法律（供体）和接受移植的本国法律（受体）之间存在着某种共同性，即受同一规律所支配、互不排斥、可互相吸纳为前提的。这就不会发生简单照搬的可能。

（一）法的移植的必然性和必要性

法律移植的必然性和必要性在于：①社会发展和法律发展的不平衡性决定了移植的必然性。同一时期不同国家的发展是不平衡的，比较落后的或后发达国家为了赶上先进国家，有必要移植先进国家的某些法律，以保障和促进社会发展。世界法律的发展史已经表明，这是落后国家加速发展的必由之路。例如，日本在明治时代，出于争取与西洋诸国平等主权和促进社会近代化的需要，全面引进了德国法和法国法，以此为基础制定了《六法全书》，使日本在不长的时间里建立起比较发达的资本主义法律制度。第二次世界大战后日本又大量引进了美国法，加速了日本法律制度的民主化改造和法律现代化进程。②市场经济的客观规律和根本特征决定了法律移植的必要性。由于市场机制已成为统合当今世界经济的最主要的机制，加之市场经济机制的一些共同规律和特征，这就决定了一个国家在建构自己的市场经济法律体系和制定市场经济法律的过程中必须而且有可能吸收和采纳市场经济发达国家的立法经验。法律移植有助于减少不同国家之间的法律相互抵触和冲突，降低法律适用上的成本，为长期、稳定、高效的经济技术合作奠定基础，进而为国际经济一体化创造良好的法律环境。③法律移植是对外开放的应有内容。全方位的对外开放不仅使经济国际化，而且其他的社会和国家事务也越来越带有跨国性质，从而使一个国家的国内法越来越具有涉外性和外向性，法律在处理涉外问题和跨国问题的过程中，必然逐步与国际社会通行的法律和惯例接轨。④法律移植是法制现代化的必然需要。对于其法律制度仍处于传统型和落后状态的国家来说，要加速法律现代化的进程，必须适量移植发达国家的法律，尤其是对于发达国家法律制度中反映市场经济和社会发展共同的客观规律和时代精神的法律概念和法律原则，要大胆地吸纳。这对于当代中国的法制现代化来说尤为重要。

（二）法的移植的主要类型

1. 落后国家或发展中国家直接采纳先进国家或发达国家的法

律。例如，近代以后的日本通过两次大规模移植西方法律制度，在较短时间内完成了封建制度向资本主义制度的转换，加速实现了本国法制的现代化。

2. 经济、政治和文化的发展阶段和发展水平相同或基本相同的国家相互吸收对方的法律，以致互相融合，互相趋同。例如，随着欧洲经济一体化进程，成立了众多欧洲区域性国际组织，对一国来讲，加入国际组织和接受其规则本身就是一项大范围的法律移植运动。

3. 区域性法律统一运动和世界性法律统一运动或法律全球化。市场经济发展规律要求一国的国内市场必须要和国际市场接轨，成为其一部分，从而实现贸易、投资、技术等国际化。而法律作为规范和调整市场经济运行的行为准则，也必须和国际上有关的法律或国际惯例接轨，使法律国际化。

一个国家在进行法律移植时，应选择优秀的、适合本国国情和需要的法律进行移植，要注重被移植法律的"本土化"，对被移植法律进行过滤、选择和吸收，重视法律体系的系统性。因此，不管以上哪种移植类型，法律移植都应注意国外法（供体）与本国法（受体）之间的同构性和兼容性，尽量克服"异体排斥"现象，即正确处理法律的本土化与国际化、统一性与多样性之间的关系。能否做到这一点，是事关法律移植成败的关键所在。

【课后练习与测试】

第四章 法的价值

本章知识结构图

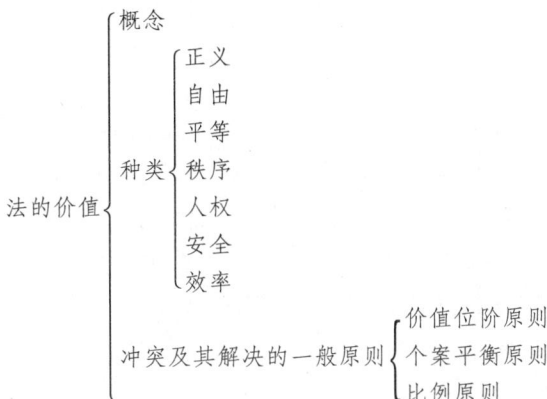

法的价值 {
  概念

  种类 {
    正义
    自由
    平等
    秩序
    人权
    安全
    效率
}

  冲突及其解决的一般原则 {
    价值位阶原则
    个案平衡原则
    比例原则
}
}

本章重点内容讲解

　　法的价值是指法所保障或应当保障的价值。正义、自由、平等、秩序、人权、安全和效率是基本的法的价值。各种价值之间会发生冲突，应把握解决法的价值冲突的一般原则。

第一节 法的价值的概念

一、价值的定义

　　在哲学的意义上，对"价值"一般可以从如下两个基本的方面来理解：首先，价值是一个表征"关系"的范畴，它反映的是作为"主体"的人与作为"客体"的外界物即自然、社会（客体）等的实践—认识关系，揭示的是人的实践活动的动机和目的。其次，价值是一个表征"意义"的范畴，是用以表示事物所具有的对主体有意义的、可以满足主体需要的功能和属性的概念，经常被界定为客体满足主体需要的积极意义或客体的有用性。

【拓展阅读】
"价值"的另一种解释

二、法的价值的概念

法律价值不是一个类似"法律规则""法律行为"那样的实体范畴，而是一个关系范畴。只有当法律符合或能满足人们的需要，在人与人之间形成价值关系，法律才有价值可言。

在法学研究中，法的价值大致包括三种含义：

1. 法的目的价值。通过法的制定和实施所要达到的目标，如自由、正义、秩序、人权、和谐等。法律发挥社会作用的目的也就在于对这些价值予以保护并促进其增加，这些价值构成了法律所追求的理想和目的，因此，可以称之为法的"目的价值"。

2. 法的形式价值。法的形式价值与法的目的价值不同，它并不是指法律所追求的社会目的和社会理想，而仅仅是指法律在形式上应当具备哪些值得肯定的或"好"的品质或属性。如法律应当逻辑严谨，而不互相矛盾；应当简洁明了，而不繁琐隐晦；应当公之于众，而不神秘莫测等。

3. 法的评价标准。此即法律对各种事物进行价值判断时所遵循的准则，如人道主义、现实主义、社会进步、社会主义等。

必须明确的是，从最根本的哲学意义上来看，所谓"价值评价标准"意义上的"法的价值"、所谓"形式价值"意义上的"法的价值"，都是，而且也不能不是以"目的价值"意义上的"法的价值"为基础和原点的。换句话说，假如离开了"法的目的价值"，无论是"法的价值评价标准"还是"法的形式价值"都不可能具有独立存在的意义，因为它们都变成"中性"的东西了，根本就没有了"价值"的意味。只有在法的"目的价值"这一基础和原点上，法的"目的价值""评价标准"和"形式价值"才得到了统一和协调。

第二节　法的目的价值的种类

一、正义

（一）正义的概念和基本分类

自人类社会产生以来，人们从来就没有停止过对正义的追求。不管人们的正义观念有多少种，无论这些正义观念之间的差别有多

么大，正义观念本身却一直为人们所崇尚和向往。在拉丁语中，正义一词写作 justitia，它是由 jus 一词演变而来，jus 一词则有正、平、直的含义，英文 justice 一词即由拉丁文发展而来。在本质上，正义是在对待和处理人与人之间关系方面的公正、平等和无偏私，即人与人之间同等地、平等地、程度相当地相符。按照马克思主义的理论，正义的观念不是永恒的，而是历史的。不同时期有不同的正义观念。正义的观念具有鲜明的阶级性，不同阶级、阶层和社会集团有不同的正义观。正义观念归根到底受到一定的社会物质生活条件和文化传统的制约。正义的观念是多元的，从法律和法学的角度来看，人们往往从分配正义和平均正义、形式正义和实质正义以及实体正义和程序正义等角度来理解正义。兹分别讲述：

1. 分配正义和平均正义。分配正义是指根据每个人的实际活动来分配权利和荣誉。平均正义则指同样对待任何人，平均分配权利。两者的区别在于，前者强调对同等人同等对待，对不同等的人不同等对待；后者要求对一切人都同等对待。在不同的社会领域，所实行的正义制度，相应地也有差别。比如说，在社会财富分配领域，主要应当实行分配正义，多劳多得，但又要照顾社会弱者和穷人，也即在一定程度上贯彻平均正义。在诉讼领域，主要应实行平均正义的制度，不能因人们社会地位、经济条件等的差异而赋予其不同的权利。

2. 形式正义和具体正义。形式正义不管制度是否正义，只关心制度的实现，因而是一种表面的正义，如对每个人同样对待就是形式正义。比如说，法律是试图用理性的行为模式去规整人的行为的制度建设，它首先就表现在运用一般性规则去解决实际问题的倾向。这些一般性规则给人类社会带来了一致性、连续性和确定性，这就是形式正义。具体正义也叫实质正义，是指对每个人，根据其特点在其工作、需要、身份以及法律权利等方面的同等对待。一般来说，形式正义是实现实质正义的基本前提，是实现实质正义的手段。在现代法律领域，实质正义尤其是生存权概念出现之后所强调的一种正义制度。

3. 实体正义和程序正义。实体正义在于通过对实体权利义务的安排，为社会提供一种秩序；程序正义实际上是一种解决冲突和纠纷时所要遵循的程序标准。一方面，程序正义是实现实体正义的前提，只有遵循正义的程序，才能得到正义的实体；另一方面，程

【拓展阅读】
罗尔斯的两
大正义原则

序正义具有独立价值，因此，经过正当程序的审判，尽管处理结果并不一定能实现实体正义，但当事人能够接受。程序正义着重于程序公正，只要所适用的程序规则是公正的，具体案件的当事人之间是否实现了正义，则非所问。实体正义则意味着正义的终极状态必须实现，也就是善人（或善行）应该得到善报，恶人（或恶行）必须得到恶报。如果司法制度或公共政策无法体现实质正义，就会被视为欠缺正当性。

（二）正义作为法的价值的意义

正义作为法的价值的意义，主要体现在两个方面：

1. 正义作为法的价值体现了其作为法的终极目的和存在根据，换句话说，正义是法的最终决定者和支配者，是法的终极理想和目标，也是检验现实中的法的根本标准和依据。在此意义上，古今中西的法律，尽管在自由、平等等价值能否作为法律的永恒价值这一问题上仍有争议，但在正义作为法律的永恒价值这一认识问题上，却是完全一致的。

2. 正义作为法的价值体现了通过法律对社会的基本结构及其制度的理想性的规范建构，也就是说，正义作为法的根本理想标准或目标，同时也是全部社会制度安排和规范设计理应遵循的标准。

（三）法律对正义的保障

"正义只有通过良好的法律才能实现""法是善良和正义的艺术"。这些古老的法学格言和法的定义表明法与正义是不可分的：法是实现正义的手段，法的价值之一在于实现正义。法律保障正义的主要方式是：

1. 通过法律权利和法律义务机制。一方面，在法律上公正地分配社会合作的利益、机会和负担，以此促进和保障法律上的实体正义；另一方面，在法律上公正地设定本身就体现正义并以实现实体正义为目的的一系列紧密联系的各个环节和过程，以此促进和保障法律上的程序正义。对正义的这种保障方式主要是由立法来承担的。在一个民主政体的国家中，关于基本权利的分配，即分配正义原则的执行通常是由人民选举的立法机关进行的，因为基本权利和义务涉及人民的财产、人身自由和人格与国家权力的关系。所以，国家权力在何种情况下才能剥夺人民的基本权利、课以何种义务和责任的问题，成为法律制度正义中的核心问题。

2. 通过法律责任和惩罚机制。一方面，通过矫正和恢复受到侵害的法律上的权利和义务，以此保障法律上的实体正义和程序正义的实现；另一方面，通过法律效果认可机制，对合法行为及其法律效果予以认可，从而保障法律上的实体正义和程序正义。对正义的这两种保障方式是由执法和司法来承担的。

3. 法律通过把社会生活的主要领域及其重要的社会关系类型纳入法律之内，实行法治化治理，也就是法律性质的规范化和制度化的治理，把正义的基本内涵融进这些规范和制度之中，并通过严格依法办事，从而在整个社会之中全面地促进和保障社会正义。在现代法治化社会中，通过把正义观念融进法律制度之中来实现正义，是一种普遍的做法。

【拓展阅读】
正义与法的关系

二、自由

（一）自由的概念

自由在哲学上表现了人与必然的关系，自由是人对必然性的认识和支配。在社会学和政治学上，自由表现了人与社会组织、国家的关系，自由就是免于他人的压迫或控制，自主安排自己的行为。在法学上，自由表现了人与法律的关系，自由是法律上的权利，自由意味着做法律允许的行为，并使自由不超出法律的界限。因为无论在何种意义上，自由都不是不受限制，想怎么做就怎么做。

1. 自由与主体的权利密切相关。由于自由本身表征的就是主体根据自身的不受非法干涉的自由意志进行独立自主的判断与选择并从事相应的行为，而权利实际上也意味着主体自我独立的选择的自由，因此，在法律上，自由和权利大体说来就是可以互相等同的概念。

2. 自由涉及两个方面：一是主体的意志；二是主体在意志支配之下的行为。这样，在实践中，自由也就不能不与控制有关。这类控制当然包括两个方面：一方面是主体自身对于自己的意志和行为的认知与控制，也就是所谓的自我控制或者内在控制；另一方面是社会因素，也就是各种社会组织、机构，当然最主要的是国家或者政府运用多种手段对于自由的控制、约束、规范、调整与引导，也就是所谓的他控或者外在控制。

3. 在影响自由价值实现的各种社会因素中，国家权力因素对自由的实际影响非常大。近代社会资产阶级思想家与革命家力主消除国家权力对个人自由的外在干涉，认为管得最少的政府就是最好

【拓展阅读】
以赛亚·伯林的两种"自由"概念

的政府。而现代社会，国家权力的消极不干预，不仅没有带来预想中的社会繁荣与社会的自由和公平的增加，反而导致了一系列范围广泛且强烈尖锐的社会矛盾。一些思想家提出，应提倡国家或者政府以积极的行动，利用国家权力来最大限度地增进个人自由。

（二）自由作为法的价值的意义

自由作为法的价值具有重要意义，这大体可归纳为以下几个方面：

1. 法律确认和保障主体自由的实现所需要的各种现实条件。国家用法律来确认和保障主体自由实现的这些条件就是为主体自由实现提供最权威的、制度化的和规范性的条件满足机制，使其具有相对的稳定性。现代法律规范包括授权性规范、禁止性规范和命令性规范。法律上的授权本身就是对自由的确认，法律上的禁止和义务也是为确保自由而设立的。法律禁止人们对他人自由的侵犯，为了保证人们法律自由的实现，这往往都是通过立法的方式，要求人们为他人自由或者社会自由的实现而做出某种作为的行为或不作为的行为。离开了自由的法律授权、法律禁止和法律命令，法律本身就失去了灵魂。

2. 法律为自由的实现排除主体之间的相互强制与侵害。作为法律的目的价值之一的自由所要求的作为一种社会规范系统的法律，就是通过排除主体之间的相互强制与侵害，从而保障自由的真正实现。在社会中，人是以个体以及由个体集合而成的群体存在的。个体与个体之间，群体与群体之间、个体与群体之间，各有独立的利益和独立的意志，他们各自谋求自己的需要或利益，各自谋求自身的自由。各主体的需要、利益、自由之间就难免会发生冲突，乃至相互侵犯。要保证自由不被侵犯，就必须对自由的侵犯者及其侵犯自由的行为予以严厉的惩罚。人类惩罚罪恶的最严厉的外在手段莫过于法律，法律是对侵犯自由者予以惩办的有力措施。法律通过制裁侵犯自由的违法犯罪，保障自由免受侵犯。

3. 法律还为了自由这种目的价值的真正实现而排除主体自身对自由的滥用。一方面，对于有关人类整体利益的基本权利，法律禁止放弃；另一方面，法律排除对自身自由的滥用，使主体追求实现和保有自身自由的行为严格限定在合乎法理和社会情理的范围之内。自由固然存在着被侵犯的可能性，但也存在着被滥用的可能性。自由的滥用是由自由享有者任意扩展其自由的范围和内容所致，它同样会导致其他个体或群体的自由的受损害或被剥夺。前面所讲的对自由的侵犯，是从自由主体的外力作用看的；这里所讲的对自由的滥用，是从自由主体的内在能动看的。二者实质上是一个问题的两个方面。对自由的侵犯可能是由自由的滥用形成的，而自由的滥用必然导致对自由的侵犯。法律必须在防止自由被侵犯的同时，防止自由被滥用。全面保障自由的存在、实现，以及向更高的自由发展。

（三）法律保障自由的基本方式

法律对自由的保障重点在于如何防范国家权力对主体自由的侵害，同时也要防范一般主体对主体自由的侵害，其所采取的基本方式大体上有三种。

1. 划定国家权力的权限范围，并明确规定行使国家权力的正当程序。对于自由的破坏和妨碍的最大力量是不当运行的权力。法律首先就应当是约束权力的，尤其是法治之中的法律，约束权力、防止权力的滥用——包括防止权力对于自由的破坏和妨碍，是法律的一个极为重要的使命。只有国家权力按照法律规定的权限范围和法律规定的具体程序正当行使，才可能会与主体的自由以及主体追求自由的行为达至一种相互协调和彼此相容的状态。

2. 确立了国家权力对自由非法侵害时的救济手段与程序。法律明确地规定了国家权力对主体自由进行非法侵害后，主体享有的各种救济手段以及相应的救济程序，以此作为事后的救济和补偿。

3. 对于自由的主体或者说自由的享有者来说，他们本身也必须承担善待自身和他人自由的责任。为了防止对于主体自由来自主体本身的"恶"待与侵害，法律明确地把法律责任与主体自由相联结，从而保障主体的自由。

（四）法律确认和保障自由的原则

1. 主体最大限度的、广泛的、彼此相容的平等自由原则。这一原则要求，一方面，法律要给予主体尽可能广泛而充分的平等自由；另一方面，主体之间的这些最广泛而充分的平等自由要彼此相容。也就是说，法律在给主体赋予自由时不能存在"质"上的差别和"量"上的不等。这里要注意，有人认为，自由就是法律范围以内的自由，超出法律的范围则无自由可言。这种说法很容易让人理解为只有法律明确宣告的自由才能受到保护。其实，法律明确规定和宣告的自由固然十分重要，然而法律所未明文禁止者同样不可忽视。明乎此，人们才可享有更广泛的自由。

2. 一般不干预原则。只要不存在对人而言是外在于他的对其意志和行为的各种人为限制，我们就完全可以说，这个人是自由的或者说享受到了实际的自由权利。因此，法律在确认和保障自由的时候，必须坚持和贯彻对主体自由一般不干预原则。法国《人权宣言》规定：自由就是有权做一切"无害于他人"的行为，各人自由权利的行使只"以保证社会上其他成员能享有同样的权利"为限制。因此，公权力对自由的干预，其界限就是看某人对自由权的行使是否会侵犯他人的同样的自由。

3. 有限的积极干预原则。在现实生活中，主体的自由体现在具体行为上时，这种行为表征的恰恰是主体主动而积极的行动，但这种自由行动不一定能够真正实现主体的自由。因此，为了真正实现主体的真正自由，法律必须对主体的自由行为加以积极干预，但这种干预必须有一个合理的限制。比如说，人们应该享有言论自由，但是当所有人都享有言论自由时，自己与他人的言论自由之间就可能会发生冲突。这个时候就要通过法律规定来对言论自由施加一定的限制。但是，这种限制又不能达到禁锢和钳制言论自由的程度而必需合理。故而，在采取有限的积极干预措施时如何找到一个合适的"度"，是一个值得研究的问题。

4. 公共利益干预原则。当个人自由的行使妨碍甚至侵害了公共利益时，可以因为公共利益的缘故而对个人自由进行干预并施加相应的限制。但以公共利益干预和限制个人自由并非一个绝对正当的原则，这一原则本身也必须受到限制，那就是干预和限制个人自由的正当依据的确是没有任何替代方案的公共利益。比如说，如果有人在行使游行示威自由权时完全阻塞了主要道路的交通，这就妨碍了公共利益，此时警方就可以以公共利益之名来干预、限制游行示威自由。但是，只要能够在现状基础上疏通交通，就不应该驱散游行示威人群，完全禁止游行示威。

【课后练习与测试】

三、平等

(一) 平等的概念

启蒙运动以后，人人平等的观念逐渐流行。随着此一观念的逐渐流行，人们在政治法律上提出了建立一种平等的新秩序的要求。在这样的要求和呼声之下，近代以后的法律几乎都把平等当成了法律的重要价值。正如罗伯斯庇尔所说的那样，人们希望有一种新的秩序，在这种秩序下，差别只从平等本身产生。但是，如何建立起这种新秩序呢？按照启蒙思想家卢梭等人的设想，这种平等的理想社会秩序应该以社会契约的形式来建立。也就是说，人民之间通过平等地自由签订协议，各人都将自然权利让渡给集体以组成国家，再由国家制定出法律，以确认并保障人民的平等。倘若政府、组织或个人违背法律的规定而行事，就应受到法律的制裁，因为他们破坏了这种平等的秩序。在这样的社会中，不论出身、财产、性别、民族、宗教信仰等一切古代社会中所讲的差别，任何人在身份上都是平等的，因为在这种假想的契约关系中，他们都没有差别。在这样的社会中，个人的一切成就和幸福的获得，都有赖于这种由法律所建立的平等的秩序。

所谓平等，简言之就是同等对待的意思。但何种意义上的同等对待才是法律所追求的平等？对这个问题的不同回答反映了平等的两种类型：形式平等和实质平等。所谓形式平等，就是不考虑主体本身各种自然的、社会的、历史的和现实的具体情况差别而适用同一评价和处遇标准，也就是无差别对待。所谓实质平等，恰恰就是考虑主体本身的各种自然的和社会的、历史的和现实的具体情况与境遇的差别事实，而相应地适用差别性的评价和处遇标准，也就是有差别地对待，以使有差别的主体之间在事实上和实质上能够得到真正同等的对待。

（二）法律确认和保障平等的基本方式

法律是通过具体的规范设计和制度安排来确认和保障平等的，从法律技术角度看，法律确认和保障平等的基本方式主要有三：

1. 法律把平等宣布为一项基本的法律原则。这个原则性的宣告贯穿于一个国家或者社会的整个法律体系之中，分层次地多角度地体现在法律制度的各个领域和侧面。1776年《独立宣言》宣告：不言而喻：人人生而平等，都从他们的造物主那边赋予了某些不可转让的权利，其中包括生命权、自由权和追求幸福的权利。1789年法国《人权宣言》规定：第1条，在权利方面，人们生来是而且始终是自由平等的。第2条，这些权利就是自由、财产、安全和反抗压迫。第6条，全国公民都有权亲身或经由其代表参与法律的制定。法律对于所有的人，……都是一样的。在法律面前，所有的公民都是平等的。这是近代历史上两个宣告人人平等的开创性文献，自此以后，平等成为人类法律制度最基本的价值之一。

2. 法律确认和保障主体法律地位的平等。在现代社会，主体法律地位的平等乃是法律的基本特色，这是法律的形式平等的最重要的体现，也是法律的实质平等的基本前提，更是区分古代法律或者传统法律与现代法律的一个重要的标志性依据。古代法律，无论东西方，均以人们的财产、资格等差别而规定人们在法律上的不平等地位，现代法律一改此理念和精神，转以平等为尚。

3. 法律确认和保障社会财富、资源、机会与社会负担的平等分配。这是属于法律的实质平等范畴的内容，是对作为基本法律原则的平等原则的具体化，也是在主体法律地位平等这个形式意义的法律平等基础上对于主体所享有或者应当享有的实质平等内涵的具体展开。这种实质平等的原理在于，法律上所宣告的平等，往往只是形式平等，而人与人之间有天生的能力差异，因此在形式平等的法律制度实施后，会造成实际结果的不平等，比如说贫富差距意义上的不平等。而作为法律基本原则的平等，其实也包含了结果意义上的实质平等。因此，法律也应在某种程度上确认和保障实质意义上的平等。

（三）法律确认和保障平等的基本原则和法律机制

在法律确认和保障平等的基本的制度安排中，法律遵循着其确认和保障平等的一些基本原则，体现并建构起了其确认和保障平等的整套法律机制。这就是：

1. 法律始终是以确认和保障普遍平等为原则而以特殊平等的确认和保障为补充的。这里所说的特殊平等指的就是，法律认可在任何一个社会都是绝对不可能在所有的领域都能够全面贯彻普遍平等原则的，因此需要对某些人的群体或者某些事项做出差别区分并认可这种差别区分的合理性与正当性，在相同的群体或者事项上实行特殊对待。

2. 法律一般性地赋予主体以普遍平等的法律资格或者法律地位。这种主体平等的法律资格和地位的赋予首先直接针对全体公民，而且根本不考虑这些主体事实上的自然差异和社会差别。同时，在这个基本前提之下，现代法律往往又分别给特殊主体有差别的法律资格——在不同群体之间差别对待，而在同一群体之中平等对待。

3. 法律平等地设定主体的法律权利和法律义务。也就是说，法

律通常把社会财富资源、机会与社会负担都转化为法律权利和法律义务，并在遵循上述原则的情况下在主体之间做平等的设定；同时，法律还一般地以及在不同的法律层次上把平等本身也设定为主体的法律权利，把对这种平等的认可和尊重设定为主体的法律义务。

4. 法律公平地分配法律责任。在法律责任分配方面，主体法律行为的性质与法律责任的性质相一致、主体法律行为之违法程度与法律责任强度相一致、行为主体责任自负，等等，都体现了法律在法律责任设定和分配方面对平等原则的贯彻和遵循。

四、秩序

（一）秩序的概念

秩序，按照中国的传统解释，秩即常，序即度，秩序即常度，指人或事物所在的位置，含有整齐守则之意。从最广泛的意义上来看，秩序是指自然界和人类社会发展和变化的规律性现象。美国法理学家博登海默说，秩序"意指在自然进程和社会进程中都存在着某种程度的一致性、连续性和确定性"。[1]因此，某种程度的一致性、连续性和确定性是秩序的具体特征。马克思主义认为，秩序是一定的物质的、精神的生产方式和生活方式的社会固定形式，因而是它们相对摆脱了单纯偶然性和任意性的形式；建立社会秩序的目的归根到底是要创造一种安居乐业的条件。

（二）秩序作为法的价值的意义

秩序作为法的价值，对法有重要的意义，这体现在以下几个方面：

1. 社会的秩序需求和秩序维持是法之所以产生的初始动机与直接目的。利益纷争激化社会矛盾，这种矛盾和纷争达到了一定程度，很有可能使社会秩序陷入混乱，甚至可能使社会本身有存亡之虞。为了解决这种社会需要，法律应运而生。因此，与秩序相对的是无序。当无序状态出现时，关系的稳定性消灭了、结构的有序性混淆不清了、行为的规则性和进程的连续性被打破了，偶然的和不可预测的因素不断地干扰人们的社会生活，从而使人们之间的信任

---

〔1〕　〔美〕E. 博登海默：《法理学：法律哲学与法律方法》，邓正来译，中国政法大学出版社1999年版，第219页。

减少、不安全感增加，为了保护正常的社会秩序，人类必须采取措施消除无序状态或预防其发生。在文明的社会中，法律是消除无序状态或预防无序状态的首要的、经常起作用的手段。

2. 秩序作为法的目的价值，也是社会在消解社会矛盾、缓和社会对立中所追求的最低限度的可见的社会目的状态，同时还是社会本身在消解社会矛盾、缓和社会对立时的一个基本的参照标准。

3. 秩序作为法的目的价值，不仅从消极的一面来协调和解决社会矛盾和纠纷，而且还从积极的一面作为社会存在的理想状态的一种必备要素，也就是一种理想的社会目标，来鼓励社会合作，促进社会和谐。因此，秩序在法的价值目标体系中，具有工具性价值的性质，它为其他价值目标的实现提供了现实的条件，没有秩序的存在，很难有法的其他价值。

（三）法对社会秩序的建立的意义

在现代社会，社会秩序的建立在很多情况下是要通过法律的方式来实现的。法律建立社会秩序的主要方式大致体现为如下方面：

1. 在事实上，法律的规范和制度设计本身就是在描绘着一个理想的社会所需要或者向往的社会秩序的基本蓝图。这个蓝图也当然成为某个特定的社会所追求或者向往的社会秩序状态的样本，当然也就是该社会建立其社会秩序的标准与参照。

2. 在建立一定的社会秩序的过程中，现代社会中的法律首先是通过给社会主体以最大程度的自由和法律权利的赋予来引导社会主体的各种行为，使这些行为在行为方式上和行为结果上能够彼此协调和顺应，从而使相应的社会秩序得以建立。

3. 在建立一定的社会秩序的过程中，现代社会中的法律还以给社会主体施加一定的法律义务约束与法律责任负担的方式，使赋予主体的法律权利和自由能够达至平衡并使主体对自身的行为加以必要的克制与自我约束，从而建立相应的社会秩序。

（四）法对社会秩序的维护的意义

法律对社会秩序的维护，主要体现在如下四个方面：

1. 维护阶级统治秩序。马克思主义认为，法律作为国家的重要的统治手段，首先必然要以维护统治阶级的整体的根本利益为核心来建立和维护阶级统治秩序，使统治阶级对于被统治阶级的压迫合法化、制度化和具体化，以最大限度地实现统治阶级的根本利益。同时，在把阶级矛盾和冲突有效地控制在社会秩序所许可的范围之内的情况下，统治阶级也会适当地甚至最大限度地考虑被统治阶级的某些利益和需求的满足，以减少其统治的社会阻力，从而实现对统治秩序的维护。只有在私有制、剥削和阶级分裂被消灭以后，才有可能出现一个"每个人的自由发展是一切人的自由发展的条件"的社会。在这样的社会中，自由和平等的秩序才会具有完全真实的意义。

2. 维护权力运行秩序。权力是指个人、集团或国家不管他人同意与否而贯彻自己的意志或政策以及控制、操纵或影响他人行为的能力，它的运行既可能给社会带来利益，也可能给社会造成危害。一般来讲，无秩序无规则的权力运行对他人和社会造成的危害非常之大，而且极有可能损害统治阶级的根本利益。这已被历史所反复证明。因此，建立和维护权力运行秩序不可忽视。法律在此过程中可起到重要作用，而且从历史的趋势看，这种重要性在不断增强。在对权力及其运行进行规范约束和控制方面，法律自身的特征决定了它是最有效的手段和方法。

3. 维护经济秩序。法律本身就是首先从人们的真实生活特别是经济生活的规范性需求中产生出来的，法律既产生于一定的经济秩序的内在需求，同时又是一定的经济秩序的体现，法律对经济秩序的维护体现为使人们的经济活动摆脱偶然性与随意性而逐渐地趋于稳定性并获得相应的连续性和可预测性。特别是在进入市场经济阶段之后，社会生产力飞速发展，交换成为商品实现价值的必经途径，经济形态日趋复杂，经济秩序对法的依赖性更是前所未有地增强了。

4. 维护正常的社会生活秩序。法律对社会生活秩序的维护的常规手段，一方面是通过在各种社会利益及其需求的基础上确定相应的各个主体的权利义务及其界限，最大限度地避免社会矛盾和社会纠纷的产生；另一方面法律也明确地规定或者设置了相应的文明的纠纷解决的程序和机制，这种文明的纠纷解决程序和机制在现代社会也是最权威的纠纷消解手段，当然也是人类社会长期历史发展的基本经验的总结，更是统治者社会统治和日常治理的经验与智慧的体现。

【拓展阅读】
古今秩序观念

五、人权

（一）人权的概念和特点

人权是现代法最基本的价值之一。尊重和保障人权既是人类文明的标志，也是一切进步的法的基本特征，是现代法区别于传统法的基本标志。马克思主义只是否定人权标签之下的资产阶级特权，而从未否定人权本身，而且是真正的人权的旗手。马克思在他起草的第一国际协会《临时章程》中明确提出："一个人有责任不仅为自己本人，而且为每一个履行自己义务的人要求人权和公民权。"

人权就是人作为人所享有或者应当享有的权利。在内涵上，人权一方面表达了所有的人在人格上的普遍平等观念；另一方面，人权也表达了所有的人在人格上的绝对尊严的观念。人格的普遍平等和人格的绝对尊严，是人权的两个基本要素。在现代社会的权利体系中，人权具有非常特别的地位，与其他权利相比，人权也具有非同寻常的特点，这具体体现为：

1. 人权的普遍性。也就是说人权是最普遍的为所有的人平等地享有或者应当享有的权利。自人权概念产生之始，普遍性就内涵于其中。人权的普遍性这一范畴，一般认为包含了三个向度：主体的普遍性、内容的普遍性以及价值的普遍性。人权普遍性与人权的特殊性相对，后者一般被理解为不同国家和地区由于历史传统、文化、宗教、价值观念、资源和经济等因素的差别，在追求人权的充分实现的过程中其具体的方法手段和模式的多样性。承认人权的特殊性并不意味着对于人权普遍性原则的否认，而是在人权普遍性的前提下，认为人权理论、人权观念与人权制度的多样性是必要的。在当今世界，人权的普遍性主要体现在联合国的人权文件和国际人权公约中。我国一贯承认和尊重《联合国宪章》《世界人权宣言》和国际人权公约所确认的人权基本原则，签署和加入了一系列国际人权公约，支持联合国采取行动制裁大规模践踏人权的行为。这些都反映了我国对人权普遍性原则的肯定。

2. 人权的基础性。人权乃整个实在法意义上的全部法律权利存在的正当性根据和理由，是全部具体法律权利存在的基础和最终的来源，因而在整个权利体系中属于最基础性的权利；另外，人权也是所有的公共权力正当性的最终来源和基础。故此，在现代政治法律制度中，人权是一个具有强烈的批判意义的概念，它作为标准，一直在批判、指导、改进着实在法上的权利和实践中的权力。

3. 人权的综合性。人权并不是一项或者有限的多项的权利，而是具有无限多权利选项的复杂的综合性权利，也就是由一系列的权利选项所构成的权利体系。同时，按照马克思主义的看法，人权像任何权利一样，都受到了社会、经济和文化传统的制约，具有强烈的意识形态性。资产阶级的人权纲领是狭窄的、残缺不全的，一般限定在个人的人身自由、私有财产神圣不可侵犯以及公民的政治权利范围。而无产阶级的社会主义人权纲领除了人身自由、生存权利、政治权利外，还包括范围广泛的经济、文化、社会权利和生态权利。尽管如此，当代西方国家仍然常常以人权为武器干涉别国内政。

（二）人权作为法的价值的意义

人权作为法的价值，有其重要意义，这主要体现在以下几个方面：首先，人权指出了立法和执法应坚持的最低人道主义标准和要求；其次，人权可以诊断现实社会中各种侵权行为的症结，从而提出相应的法律救济标准和途径；最后，人权有利于实现法律的有效性，促进法律的自我完善。就此而言，人权始终可以作为实定法的价值判断标准而推进法律的改革和进一步完善。

（三）法律对人权的确认和保障

人权的实现需要法律的确认和保障。这主要包括以下几种情况：首先，法律将保护人权作为基本原则固定下来，确认了人权保护的法律地位。我国《宪法》就规定，"国家尊重和保障人权"。其次，法律及时确认各种人权，从而使停留在应然状态的道德权利上升为法律权利，为其提供更为周到的保护。要注意，法律人权仅仅是将道德人权中的一部分内容用法律的形式给予认可，形成法律上的人权，从法律上进行保护。再次，法律将人权具体化为各种基本权利，建立一个以人权为本源、以具体权利为派生的权利体系，为权利提供系统的保护。最后，法律为受到侵害的人权提供多种救济途径。如《国家赔偿法》第 13 条规定，"赔偿义务机关应当自收到申请之日起两个月内作出是否赔偿的决定……并可以与赔偿请求人就赔偿方式、赔偿项目和赔偿数额依照本法第四章的规定进行协商"。它通过对赔偿义务的规定，赋予相应主体获得赔偿的权利，也就是为人权受到侵害的人提供了救济途径。

人权的法律保护是人权实现的最直接的保障手段，一个国家的

【拓展阅读】
人权概念的
产生与发展
历史

【课后练习
与测试】

法律状况将直接影响人权的实现程度。

六、安全

安全是人类自我保存的一种需要。对个人而言，安全意味着生命、身体、名誉、财产和其他各种自由权利的免受侵害和保存；对国家社会而言，安全意味着和平与安宁。按照马斯洛的需求层次理论，安全需要是生理需要之后的第二种人类基本需要。安全是法律的基本价值之一，但对于前述价值而言，具有从属性。安全依赖于一个公正的社会秩序。在我国，安全保障特别是个人安全保障，依然任重而道远。

七、效率

人类生活离不开效率问题。效率又称"效益"，原本是经济学上的一个概念，表达的是投入与产出、成本与收益的关系，即以最少的资源消耗取得最多的效果。传统上，正义是法学的主题，后来在经济学的影响下，效率观念也进入法学领域，法经济学的兴起是其标志。

效率作为法律价值目标的原因在于：法律担负着实现资源最大限度地优化使用与配置的社会使命；法律对当代经济生活全面渗透，法律如果无视效率目标，就会对社会经济发展产生不利影响；效率的价值目标可以成为正义的价值目标的补充。

第三节　法的价值的冲突与解决

一、法的价值的冲突

价值的主观性特征决定了价值的复杂多样性，从而形成所谓"价值多元化"和"价值流动化"的状况，因而法律价值之间的冲突不可避免。

比如，自由与秩序可能会产生矛盾，自由强调的是主体个性的发挥，秩序强调的是有序状态的建立和维持，自由难免有打破既有秩序的倾向，秩序在一定程度上会压抑自由。又如，公正与效率，自由与平等也可能存在一种紧张关系。

法的价值的冲突常出现的三种场合：

1. 个体之间法律所承认的价值发生冲突。如个人自由的行使可能导致他人利益损失的情形。

2. 共同体之间价值发生冲突。如国际人权与一国主权之间的冲突。

3. 个体与共同体之间的价值冲突，如个人自由与社会秩序之间的矛盾。

二、法律价值冲突的解决

面对法律价值的冲突，我们需要价值选择。立法作为一种确立普遍规则的活动，就需要协调、平衡各种法律价值之间所可能会产生的矛盾。然而，由于立法不可能穷尽社会生活的一切形态，在个案中更可能因为特殊情形的存在而使得价值冲突难以避免。法律价值冲突的解决，一般应遵循价值位阶原则、个案平衡原则和比例原则。

1. 价值位阶原则。不同位阶的法律价值发生冲突时，应选择高位阶的价值。一般而言，自由、正义、平等、人权高于秩序、安全与效率。

2. 个案平衡原则。处于同一位阶的法律价值发生冲突时，应综合考虑主体之间的特定情形、需求和利益，兼顾各方的利益。

3. 比例原则。即使某种价值的实现必然要以其他价值的损害为代价，也应当选择最轻微的损害手段或尽可能微小的限制。

【课后练习与测试】

第五章　法的渊源与效力

本章知识结构图

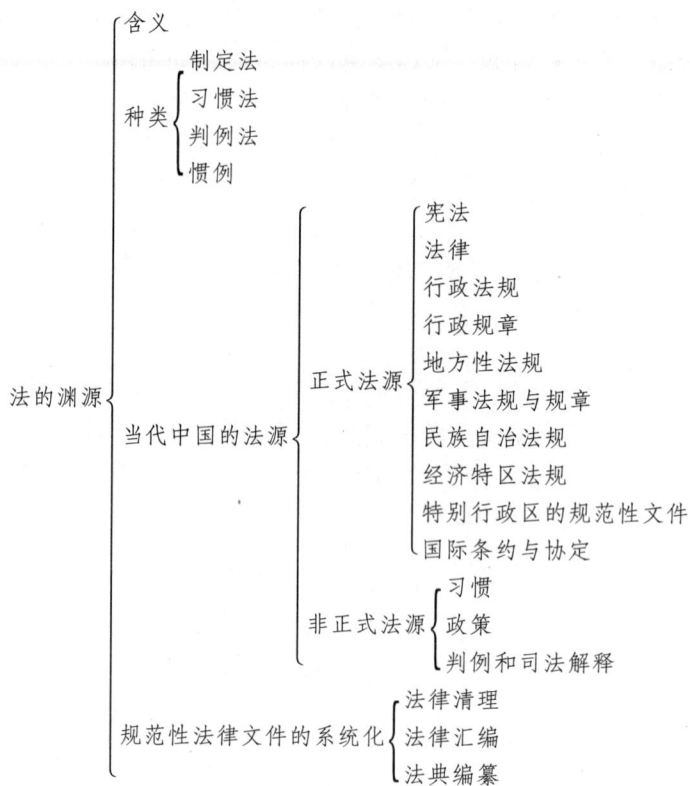

法的渊源
- 含义
- 种类
  - 制定法
  - 习惯法
  - 判例法
  - 惯例
- 当代中国的法源
  - 正式法源
    - 宪法
    - 法律
    - 行政法规
    - 行政规章
    - 地方性法规
    - 军事法规与规章
    - 民族自治法规
    - 经济特区法规
    - 特别行政区的规范性文件
    - 国际条约与协定
  - 非正式法源
    - 习惯
    - 政策
    - 判例和司法解释
- 规范性法律文件的系统化
  - 法律清理
  - 法律汇编
  - 法典编纂

法的分类
├─ 一般分类
│　├─ 国内法与国际法
│　├─ 成文法与不成文法
│　├─ 实体法与程序法
│　├─ 根本法与普通法
│　└─ 一般法与特别法
└─ 特殊分类
　├─ 固有法与继受法
　├─ 公法与私法
　├─ 普通法与衡平法
　├─ 联邦法与联邦成员法
　└─ 全国法与特别行政区法

法的效力
├─ 概念
├─ 范围
│　├─ 时间效力
│　│　├─ 法律的生效
│　│　├─ 法律的终止
│　│　└─ 法的溯及力
│　├─ 空间效力
│　│　├─ 在我国领域外
│　│　└─ 在我国领域内
│　└─ 对人效力
│　　├─ 属人主义原则
│　　├─ 属地主义原则
│　　├─ 保护主义原则
│　　├─ 普遍管辖原则
│　　└─ 结合主义原则
└─ 冲突及其解决
　├─ 效力等级
　└─ 解决方式
　　├─ 一般方式
　　│　├─ 根本法优于普通法
　　│　├─ 上位法优于下位法
　　│　├─ 新法优于旧法
　　│　└─ 特别法优于一般法
　　└─ 特殊方式
　　　├─ 裁决
　　　├─ 改变或撤销
　　　└─ 备案和审查

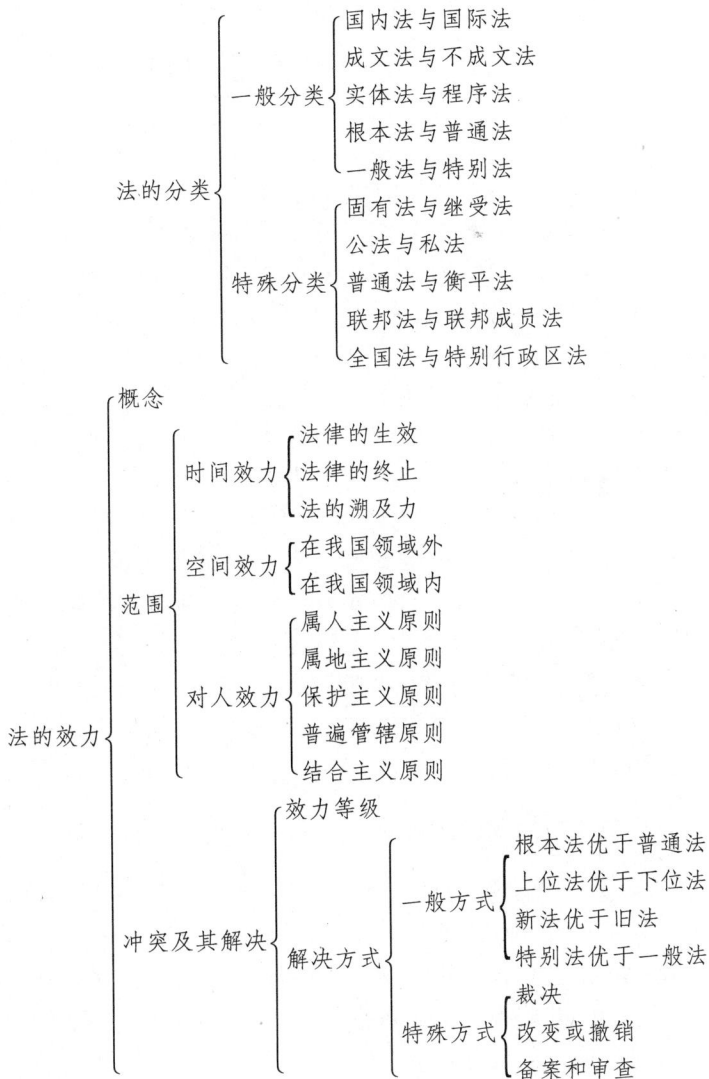

本章重点内容讲解

　　本章介绍了法的渊源、法的分类与法的效力这三大问题。主要内容包括：①法的渊源的含义与种类；包括正式法源与非正式法源在内的当代中国的法的渊源；主要由法律清理、法律汇编与法典编纂构成的规范性法律文件的系统化。学生应该掌握中国当今有哪些主要的法的渊源，另应分清法律清理、法律汇编和法典编纂的性质，知道其关键差异在于是否属于立法活动。②法的一般分类与特殊分类。除了掌握各种分类的具体范畴外，要有能力判断某种具体的法律属于何种分类体系，意义在哪里。③法的效力的概念；效力范围；效力等级；效力冲突与解决。本节内容细碎，需要记忆各个概念的含义，并掌握效力冲突的解决办法。

第一节 法的渊源

一、法的渊源释义

法的渊源这一术语源自欧陆，后衍及英美。起初在罗马法里称为 Fontesiuris，后在德文里称为 Rechtsquellen，在法文里写作 Sources du droit，在意大利文里便是 Fonti del diritto，在英文中则以 Sources of law 表述。其基本涵义主要是指法的来源或法的栖身之所，也有著述称法的渊源主要指法之产生的原因或途径，故法的渊源亦可简称法源。在中国，法的渊源主要表示法的效力的来源，是指与法的效力相联系的表现形式。因此：

1. 法的渊源必须与法的效力相联系。只有产生法的效力的东西，才有可能成为法的渊源。产生法的效力的因素是多种多样的，其中最关键的是国家的强制力，使法具有普遍的约束力。

2. 任何有法律效力的规范性法律文件、非规范性法律文件或不成文法，都必须有一定的外在表现形式。无形的法（如惯例）只有在极特殊情况下才能存在，因此，法的一定表现形式便成为法的渊源的重要特性。

二、法的渊源的种类

（一）制定法

制定法又称成文法，是指由特定国家机关按照一定程序制定和颁布的，通常表现为条文形式的规范性法律文件。制定法是各国最直接的法的渊源。无论古今，无论欧陆英美，都是如此。这里所谓的制定法，包括各种立法。议会立法，政府接受委托的立法或自主立法，中央立法，地方立法，以及立法机关有关所立之法的解释，均在其内。

（二）习惯法

习惯法是指由国家机关认可并具有法律约束力的习惯规范的总称。习惯法是无论何种法律文化背景下都存在的一种法的渊源。法律规则中有不少规则来自于习惯。立法机关可以根据习惯形成制定法规则。司法机关往往从习惯中抽取某些规则，据以处理某些案件。但一般来说，习惯法在过往的历史上比之现今时代，在法的渊源体系中的地位更重要。在现代国家，随着经济和科学技术的进步，全球一体化的要素愈加增多，习惯法作为法的渊源的组成部分，在许多国家所占的比重愈加紧缩了。在中国法的渊源中，制定法毫无疑问占了主导地位，但习惯法仍然有一定作用。

（三）判例法

判例法是指可作为先例据以裁决的法院判决。确认判例法的国家，有"法官造法"之说，这是英美法系国家的特点。判例法的根本原则是所谓"遵循先例"，其含义是指某一判决所依据的法律原则，不仅适用于该案，而且同时又作为一种先例而适用于该法院及其所属下级法院所管辖的案情基本相同或近似的案件。中国固然不属于普通法法系，固然不存在判例法这种法的形式，但中国最高司法机关选择、确认和公布的指导性判例，在司法实践中，有时候起到了法的渊源的作用。

（四）惯例

惯例亦称"通例"，是指法律上没有明文规定，但过去曾经施行，可以仿照办理的做法。如他国元首来访，东道国鸣礼炮21响；政府首脑来访，鸣礼炮19响，便是国际礼仪上的惯例。国内法也有类似惯例。

三、当代中国社会主义法的渊源

当代中国社会主义法的渊源，按它们在实际法治生活中的地位，可分为正式渊源和非正式渊源两类。正式渊源又称为法定渊源，是指不同国家机关制定的具有法律地位和效力的各类规范性法律文件的表现形式，如宪法、法律、行政法规和规章、地方性法规等。非正式渊源又称为间接渊源或者非法定渊源，是指各种习惯、判例、宗教规则、法理学说、道德原则和规范等。这些非正式的法的渊源不具有正式法的渊源的形式和效力，但在特定条件下可作为一种法的辅助渊源。

（一）正式渊源

当代中国社会主义法的渊源以宪法为核心，以制定法为主干，主要包括：

1. 宪法。宪法是我国的根本大法，是治国安邦的总章程，是我国社会主义法的基本渊源。在所有的制定法中，宪法的效力最高，任何其他规范性或非规范性法律文件，都不得与宪法相冲突。

【拓展阅读】
法的渊源的
历史发展

【课后练习
与测试】

2. 法律。法律是指由全国人民代表大会及其常委会制定的规范性法律文件。根据现行宪法规定，法律又分两种，即基本法律和基本法律以外的法律：

（1）基本法律。基本法律是由全国人民代表大会制定和修改的规范性法律文件，在中国法的渊源体系中，其地位仅次于宪法，它直接调整和规定国家、社会和公民生活某一大的方面的基本问题，如民法调整平等主体之间的财产关系和人身关系，刑法规定定罪、量刑方面的基本问题，等等。在全国人民代表大会闭会期间，全国人民代表大会常委会也有权对基本法律作部分修改与补充，但不能同该基本法律的基本原则相抵触。

（2）基本法律以外的法律。这种法律由全国人民代表大会常委会制定，数量较多，内容的范围较基本法律要窄，是我国法的渊源的重要组成部分。如《商标法》《建筑法》等。同时，全国人民代表大会及其常委会发布的决议、决定，是我国法律的重要补充，与法律具有同等的法律效力，属于当代中国法的正式的渊源。如《全国人大常委会关于军官制度改革期间暂时调整适用相关法律规定的决定》《全国人大常委会关于授权国务院在部分地区和部分在京中央机关暂时调整适用〈中华人民共和国公务员法〉有关规定的决定》等。

> 基本法律：由全国人大制定和修改；
> 主要规定国家、社会生活中具有重大意义的基本问题，如刑法、民法。
> 一般法律：由全国人大常委会制定和修改；
> 主要规定国家、社会生活中某一方面的基本问题。

3. 行政法规。行政法规专指我国最高行政机关即国务院依照法定权限和法定程序制定和修改的规范性法律文件的总称，其法律地位仅次于宪法和法律。如《中华人民共和国海关稽查条例》《中华人民共和国税收征收管理法实施细则》《宗教事务条例》等。同时，国务院常务会议通过的规范性的决议、决定和行政命令，亦属于行政法规的范畴，与行政法规具有同等法律效力。如《国务院对确需保留的行政审批项目设定行政许可的决定》等。

4. 行政规章。行政规章专指国务院所属各主管部门或地方行政机关为贯彻执行宪法、法律和行政法规而制定的规范性文件。行政规章有两种：一是部委规章，二是地方政府规章。部委规章的制定单位为国务院所属各部委和直属机关，其内容应是行政性或具有行政职能性的规范性文件。《立法法》第 80 条规定："国务院各部、委员会、中国人民银行、审计署和具有行政管理职能的直属机构，可以根据法律和国务院的行政法规、决定、命令，在本部门的权限范围内，制定规章。部门规章规定的事项应当属于执行法律或者国务院的行政法规、决定、命令的事项……"地方政府规章是有权制定地方性法规的省、自治区、直辖市和设区的市、自治州的人民政府所制定的规范性文件。《立法法》第 82 条第 1 款规定："省、自治区、直辖市和设区的市、自治州的人民政府，可以根据法律、行政法规和本省、自治区、直辖市的地方性法规，制定规章。"行政规章数量极大，涉及面广，为了保障法制的统一，它们必须以宪法、法律、行政法规、地方性法规的规定精神为依据，不能与之相抵触，否则无效。

5. 地方性法规。地方性法规是指省、自治区、直辖市以及较大的市的人民代表大会及其常务委员会制定和颁布的规范性法律文件。"较大的市"包括省、自治区的人民政府所在地的市，经济特区所在地的市和经国务院批准的较大的市。地方性法规不得与法律、行政法规相抵触。另外，《立法法》第 72 条第 2 款还规定："设区的市的人民代表大会及其常务委员会根据本市的具体情况和实际需要，在不同宪法、法律、行政法规和本省、自治区的地方性法规相抵触的前提下，可以对城乡建设与管理、环境保护、历史文化保护等方面的事项制定地方性法规，法律对设区的市制定地方性法规的事项另有规定的，从其规定……"这是《立法法》修订后产生的一种有限的地方性法规制定权。

6. 军事法规与规章。由我国最高军事机关——中央军事委员会制定、修改和补充的有关国防建设和军事管理方面的规范性法律文件，称军事法规。由中央军委所属主管部门制定的规范性文件，称军事规章。军事法规必须服从宪法和法律，军事规章必须服从宪法、法律、行政法规和军事法规。

7. 民族自治法规。我国在少数民族聚居地区实行民族区域自治，设立自治机关。它们除行使地方国家机关的权限外，还有权在法定范围内行使自治权。自治机关在法定权限内依据当地特点制定的自治条例与单行条例，统称自治法规，但要报请上一级人民代表大会常委会批准后才能生效。自治法规不能同宪法、法律、行政法规相抵触。《立法法》第75条第1款规定："民族自治地方的人民代表大会有权依照当地民族的政治、经济和文化的特点，制定自治条例和单行条例。自治区的自治条例和单行条例，报全国人民代表大会常务委员会批准后生效。自治州、自治县的自治条例和单行条例，报省、自治区、直辖市的人民代表大会常务委员会批准后生效。"

8. 经济特区法规。经济特区法规是指我国经济特区根据国家授权法所制定的一类规范性法律文件。有关经济特区的法规、规章，由于是由全国人大或全国人大常委会授权制定的，其法律地位已不同于一般法规和规章，因而可单列为法的渊源之一。

9. 特别行政区的规范性文件。特别行政区有权制定在各自辖区内生效的法律、法规和命令等。当然，它们制定的法律、法规，不能同全国人民代表大会制定的各自特别行政区基本法相抵触，必须符合"一国两制"的精神。

10. 国际条约与协定。国际条约与协定特指我国缔结或参加的国际条约与协定。按照1990年第七届全国人民代表大会常务委员会第十七次会议通过的《中华人民共和国缔结条约程序法》和有关法律的规定，凡我国缔结或参加的国际条约与协定在我国具有法律效力，属于当代中国法的渊源之一。

（二）非正式渊源

1. 习惯。在中国古代，习惯也是法的渊源之一。当代中国法的渊源主要是制定法，但在特殊情况下，也认可个别习惯。如我国《婚姻法》曾明确规定，在少数民族地区，自治区的人民代表大会及其常委会可以根据宪法原则，结合当地婚姻关系的具体情况，可以作某些变通规定。

2. 政策。政策是国家或政党为了完成一定时期的任务而制定的活动准则。它有国家政策和政党政策之分，国家的基本政策确定国家的大政方针，体现宪法的基本精神或直接确认在宪法和法律之中，无疑是当代中国法的重要渊源。中国共产党是中国社会主义事业的领导核心，是执政党。它作为执政党，对国家的领导，是通过制定正确的路线、方针和政策来实现的，因此共产党的政策对我国法的制定和实施起直接的指导作用。但要注意，在我国社会主义法律体系已经建立，并迈向法治中国的今天，政策作为法的渊源的地位，应该逐渐下降，党的政策应该及时通过权力机关转变成法律。

3. 判例和司法解释。在普通法法系国家，判例法和制定法是法的渊源的两种主要形式，而在民法法系国家，制定法是正式的法的渊源，判例被认为是非正式的法的渊源。在当代中国，最高人民法院发布的判例在审判工作中具有重要参考作用，但这样的判例并不是判例法，并不是正式的法的渊源之一。另外，在当代中国，最高人民法院、最高人民检察院对法律的解释，即司法解释，属于法的渊源的范围，也是无可置疑的。

【拓展阅读】
判例制度
与中国

四、规范性法律文件的系统化

（一）法律清理

法律清理，又称"法律整理"，泛指有权力的国家机关按照法制统一的原则和一定的程序对一定的历史阶段、一定的规范性法律文件进行审查，并确定其有效性的专门活动。清理的内容主要是：①是否与宪法相抵触或同其上位法、我国缔结或参加的国际条约相矛盾；②是否存在与国家的基本政策或与形势发展不相适应的情况；③是否存在时效过期或被新法取代的情况；等等。法律清理往往有如下结果：该废止的，应提请有权的国家机关废止；该修改的，应建议制定该法的国家机关予以修改；该有效的，应予以确认。

（二）法律汇编

法律汇编或法规汇编，是法律系统化的重要方式，泛指一定的国家机关，有关机构按照一定次序把现行法律法规集中整理汇编成册的活动。法律汇编不涉及法的内容的修改、增删，更不能予以废止，它不是立法活动，而是技术工作。

【课后练习
与测试】

（三）法典编纂

法典编纂，亦称法律编纂，是规范性法律文件系统化的高级形式，属于立法范畴。法典编纂是指在重新审查全部法律法规或某一部门的现行法律法规的基础上，对它们加以整理、补充、修改和废止的活动。法典编纂不是单纯的技术意义的汇编工作，而是国家的一项重大的制定法律的活动。

【拓展阅读】
民法典编纂：
中国立法史
上的里程碑
（杨立新）

第二节 法的分类

一、一般分类

（一）国内法与国际法

根据法的创制和适用主体的不同，可将法分为国内法与国际法。

国内法专指享有立法权的法定国家机关制定或认可并适用于本国主体范围的法律规范的总称。国内法法律关系的主体一般只能是自然人和法人，国家只有在特殊情况下才充当民事法律关系的主体。国际法是指作为国家法律关系主体的国家、地区或国际组织之间缔结或参加并适用的法律规范的总称。国际法律关系的主体主要是国家、特殊的地区和国际组织，自然人不能充当。

（二）成文法与不成文法

按照创制和表达方式的不同，可将法分为成文法与不成文法。

成文法亦称制定法，是指有立法权或立法性职权的国家机关以国家的名义，依照特定程序创制的，以规范化的条文形式出现的规范性法律文件的总称，如宪法、民法等。不成文法，是指由国家有权机关认可的、不具有文字形式或虽有文字形式但却不具有规范化条文形式的法的总称，如习惯法、判例法等。

（三）实体法与程序法

按照规定的内容不同，可将法分为实体法与程序法。

实体法是指以规定法律关系主体权利义务或职权与职责为主要内容的法的总称，如民法、刑法等。程序法一般是以保障法律关系主体实体权利义务的实现为目的而制定的在诉讼过程中带有程序性的法律关系主体权利义务方面的法的总称，如民事诉讼法、刑事诉讼法等。

（四）根本法与普通法

根据法的效力等级、基本内容和制定程度的不同，可将法分为根本法与普通法。

根本法专指一个国家法律中具有最高法律效力、在法律体系中具有核心地位、其内容是规定国家根本制度、修改程序极为严格的宪法。普通法是泛指宪法以外的所有法律的总称。普通法必须以宪法即根本法为依据，决不能与宪法相抵触，否则将失去法律效力。

根本法与普通法的差异

	基本内容	法律效力	制定、修改和解释程度	监督方式和程序
根本法	国家生活和社会生活中的根本性问题或者重大问题。	具有至高的法律效力	由专门机构制定；修改主体有严格限制；特定国家机关解释。	由特定机关行使监督权。
普通法	只规定国家生活和社会生活某一领域；调整某一类社会关系。	效力低于根本法，不得与其抵触。	由立法机关制定；由立法机关修改；由立法机关解释。	由立法、行政、司法机关行使法律监督权。

（五）一般法与特别法

按照适用范围的不同，可将法分为一般法与特别法。

一般法泛指适用于一般人、一般事并具有普遍约束力的法律、法规的总称。特别法专指适用范围限于特定的人、特定的时间、特定的地区或特定的事项的法律、法规的总称。一般来说，特别法优先于一般法；但特别法应与和其相关的一般法的基本精神一致，并且均不能与宪法相抵触。要注意的是，在行政法体系中，行政实体法和行政程序类的法，并非特别法与一般法的关系。如《税收征收管理法》《治安管理处罚法》与《行政处罚法》就不是特别法与一般法的关系。因此，所谓特别法，应是与其有紧密关系的"一般法"的特别法，这种关系才适用特别法优于一般法的法治原理。

二、特殊分类

（一）固有法与继受法

按照法的源流关系，可以分为固有法与继受法。固有法是根据本国固有的成文法和法的传统而制定的法，或者是成为他国或后世法律摹本的法律。继受法是固有法的对称，一般认为，模仿外国法而制定的法，称为继受法。如大陆法系国家的民法在一定意义上便是古罗马法的继受法。近代以来，作为西方国家殖民地的国家或地区，如果按照西方国家的法律制度来改造其本国法律，则新的法律为继受法，原有的法律为固有法。继受法与固有法之间应是什么关系，应该断裂还是接续，是法理学研究的一个问题。

（二）公法与私法

早在古罗马法时期就在理论上有公法和私法的分类。按当时罗马五大法学家之一乌尔比安的解释："公法是关于罗马国家的法律，私法是关于个人私益的法律"。这种分类在当时的主要目的在于集中力量研究私法。在当今时代，这种分类主要是大陆法系国家的一种分类方法。一般讲，公法主要包括宪法、行政法、刑法、诉讼法以及后来的经济法、社会保障法、环境法等，私法主要包括民法、商法、婚姻家庭法等。公法与私法的精神和原则不同，公法侧重公共利益的保护，私法则重视个体利益，多采"意思自治"原则。自第二次世界大战结束以来，随着公法私法化和私法公法化日益加剧，两者日趋融合，这种划分实际意义并不大，但仍有一定作用。

（三）普通法与衡平法

这是中世纪时期形成的英美法系国家对法的一种分类。这里的普通法专指11世纪诺曼人征服英国后法官通过判决形式适用于全英格兰地区的一种法律，后来就成为英美法系国家的法律制度的总称。"衡平"，即公平正义之意。衡平法是指公元14世纪左右相对于普通法而发展起来的英国特有的法律制度的总称。它产生的直接原因是补救和纠正普通法因内容的局限和程序问题而出现的不足和不公。现在，在英美法国家，衡平法的地位早已今不如昔。

（四）联邦法与联邦成员法

按照联邦制国家中央与地方的关系，可以将法分为联邦法与联邦成员法。

联邦立法的权限和范围由联邦宪法明确规定或由联邦成员共同制定特别法律予以规定，一般对其权限采用列举方式，除列举的立法内容外，其他立法权限则属于联邦成员。联邦宪法与法律对联邦成员均具有约束力。联邦成员法专指组成联邦的各主权国家或其他主体的立法机关制定的法律的总称，只能对本联邦成员具有法律效力。联邦法与联邦成员法之间一般没有隶属关系，没有位阶差别；但一般而言，联邦法在全联邦范围内具有法律效力。

（五）全国法与特别行政区法

这是当代中国的特殊情况。按照"一国两制"的构想，我国的法律分为全国法与特别行政区法。

全国法专指全国人大及其常委会以及国务院制定的全国性的规范性法律文件的总称。特别行政区法是由特别行政区的立法机关按照法定程序制定或认可的法律文件的总称，其适用范围仅限于该特别行政区的范围之内。

【课后练习与测试】

第三节 法的效力

一、法的效力的概念

法的效力即法律规范的约束力，是指法作为一种国家意志所具有的约束力和强制性，表现为凡是由国家制定或认可的法律规范及其表现形式——规范性法律文件等——对主体具有普遍的约束力。法的效力包括两方面的内容，即法的效力范围和效力等级。

二、法的效力范围

所谓法的效力范围，是指规范性法律文件或者制定法在什么时间、何种空间以及对于何种对象有效，从而产生行为拘束的后果。

（一）法的时间效力

法的时间效力，指法的效力的起始和终止的时限以及对其实施以前的事件和行为有无溯及力的问题。

1. 法律的生效。一般来讲，法律自公布之日起生效。此外还有：法律明确规定一个具体的生效时间；法律规定具备何种条件便开始生效；个别国家规定法律文件送达的时间生效；有的法律公布后试行，然后总结经验正式实施，试行期结束后该法生效。

2. 法律的终止。法律的终止又称法律的终止生效，是指使法的效力绝对消灭。一般来讲，法律的终止大致有两种情况：一是明示终止，指直接用语言文字表示法的终止时间；二是默示终止，即不用明文规定该法终止生效的时间，而是在实践中显示出新法与旧法的冲突，使旧法在事实上被废止，体现出"新法优于旧法""后法优于前法"的原则。

3. 法的溯及力。法的溯及力又称法律溯及既往的效力，是指新法对其生效前发生的行为和事件是否适用。如果不适用，就没有溯及力；如果适用，就有溯及力。第二次世界大战后，随着社会的变迁，各国对法不溯及既往又有新的认识，普遍认为法不溯及既往不应是绝对的，法不溯及既往是原则，有利追溯是例外。一般情况下，我国法律坚持"法不溯及既往"原则，但这个原则也有例外，特别是在刑法中。目前各国采用的通例是"从旧兼从轻"原则，即新法原则上不溯及既往，但新法不认为是犯罪或罪轻的，可以适用新法。我国现行《刑法》就是采用"从旧兼从轻"的原则。

（二）法的空间效力

法的空间效力，是指法在哪些空间范围或者地域范围内发生效力。法的空间效力与国家主权问题相关。一国法律，根据主权原则，其约束力应当及于国家主权所及的全部范围，包括陆地、水域及其底土和上空，还包括延伸意义上的领土，即驻外使馆和在本国领域外的本国交通工具，如本国船舶、飞机等。当然，由于法的制定机关和内容不同，效力范围也有区别，一般分为域内效力与域外效力两个方面。在我国，域内效力分为：

1. 在全国范围内有效。在我国，由全国人大、全国人大常委会、国务院、各部委制定的全国性的规范性法律文件，如宪法、法律、行政法规和部门规章，一般在全国范围内有效。中央军委制定的军事法规及规章，对全国范围内的军队均有效。

2. 在我国局部地区有效。凡我国的地方国家机关在其法定职权范围内制定的地方性法规及规章，民族自治地方制定的自治条例与单行条例，在其管辖范围内均有效。

3. 由全国人大通过的《中华人民共和国香港特别行政区基本法》和《中华人民共和国澳门特别行政区基本法》分别在香港和澳门特别行政区有效。

在域外方面，我国在互相尊重领土主权的基础上，本着保护本国利益和公民权益的精神和原则，也规定了某些法律或某些法律条款具有域外效力，如民事婚姻家庭方面，有些法律实行有条件的域外效力原则；在刑事方面，我国《刑法》也规定了对某些犯罪应追究其刑事责任。如我国《刑法》第7条规定，中国公民在域外犯中国《刑法》所规定之罪的，其最高刑可判3年以上有期徒刑者，适用中国《刑法》。

（三）法的对人效力

法的对人效力，亦称法的对象效力，意指法适用于哪些人或法适用主体的范围。在确定法的适用对象的范围时，往往遵循以下原则：

1. 属人主义原则。根据公民的国籍来确定法的适用范围。按照这一原则，凡是本国人，不论在国内还是国外，一律受本国法的约束。

2. 属地主义原则。根据领土来确定法的适用范围。按照这一原则，凡属一国管辖范围的一切人，不管是本国人，还是外国人和无国籍的人，都受该国法的约束。

3. 保护主义原则。这是从保护本国利益出发来确定法的适用范围，其含义是只要损害了本国利益，不论侵犯者是何国国籍或在何地域，一律受所在国的法律约束。

4. 普遍管辖原则。普遍管辖权是现代国际社会有效惩治与防范国际犯罪的重要法律措施，我国《刑法》第9条对此作了明确规定："对于中华人民共和国缔结或者参加的国际条约所规定的罪行，中华人民共和国在所承担条约义务的范围内行使刑事管辖权的，适用本法。"

5. 以属地主义为主，结合属人主义与保护主义原则，又称结合主义原则。当今世界绝大多数国家采用这个原则，它既维护了本国主权，也维护了他国行使主权，对国际交往有利。我国也采用了这一原则。

按照结合主义原则，根据我国法律的规定，法的对象效力范围包括两个方面：

第一，法对中国公民和中国组织的效力范围。凡是具有中国国籍的人，都是中国公民。中国公民在中国领域内一律适用中国法律。中国公民在国外的法律适用问题，原则上仍适用中国法律，但当中国法律与所在国的法律发生冲突时，要区别不同的情况和具体的国际条约、协定及国内法的规定，来确定是适用中国法律还是适用外国法律。比如我国《民法通则》规定，中国公民定居国外的，其民事行为能力可以适用居住国的法律。对中国组织的法律适用也与中国公民一样。

第二，法对外国人的效力范围。中国法律对外国人的适用包括两种情况：一是对在中国境内的外国人的适用问题；二是对在中国境外的外国人的适用问题。外国人在中国境内，除法律另有规定外，一般适用中国法律：所谓另有规定，一般是指法律上明确规定不适用中国法律的情形，比如享有外交特权和豁免权的外国人，得通过外交途径解决。关于外国人在中国境外对中国国家或中国公民的犯罪，按中国刑法规定的最低刑为3年以上有期徒刑的，可以适用中国刑法，但是按照犯罪地的刑法不构成犯罪的除外。

三、法的效力冲突及其解决

（一）法的效力等级

法的效力等级，亦称法的效力位阶，是指在一国法的体系中不同法律规范因制定或认可的国家机关地位不同或其他原因而形成的在约束力大小或强弱方面的等级差别。在大陆法系国家，大多是以制定法为法的渊源，而在制定法渊源中，又大都以宪法为最高渊源而形成一个"金字塔形"的法律等级体系；在英美法系国家，虽然没有一个以制定法为主的法律体系，但以法院判决为主要形式的判例法，也存在一个由审判等级而形成的法的等级体系；在当代中国，已形成一个以宪法为核心的社会主义法律体系，这个法律体系中的各种法的渊源之间也有一个等级位阶体系。因此，法的效力等级就是指在一个国家法律体系的各种法的渊源中，由于其制定主体、程序、时间、适用范围等不同，各种法的效力也不同，由此而形成的一个法的效力等级体系。

法的效力等级的形成同该国立法体制有直接关系。就各国而言，一般都遵循下列原则：①从制定机关的地位而言，制定或认可的国家机关地位越高，其创制的法律效力等级就高；②从制定程序看，法律规范制定的程序越严格，其地位则越高，如宪法的制定程序大都极为严格，其地位高于普通法；③从制定生效的时间来看，如果是同一立法主体制定的两个内容相同的法，则后法优于前法；④就特殊程序而言，在同一主体制定的法中，有一般性立法与特殊性立法的，后者的效力高于前者。此外，还有两种情况：一是同一主体制定的法与它依法授权制定的法，通常在位阶上应是相等的，但适用范围有时有差别；二是在成文与不成文法并存的情况下，一般来讲成文法高于不成文法。但这也不是绝对的，会因各国情况不同而有所差别。

（二）法的效力冲突的解决方式

1. 法律冲突解决的一般方式。

（1）根本法优于普通法。在成文宪法国家，宪法是国家根本法，具有最高法律效力，普通法必须以宪法为根据，决不能违背宪法，更不能同宪法相抵触。一旦发生普通法与根本法相抵触或冲突的情况，普通法就自动失去效力。以当代中国为例，根据宪法和组织法的有关规定，宪法是具有最高效力的根本大法，位于当代中国法的效力层次的最高层（顶尖）。往下依次是法律、行政法规、地方性法规、政府规章等，它们由不同级别的制定主体制定，因而具有不同的效力，但其内容均不得与宪法相抵触。

（2）上位法优于下位法。一般来讲，国家的法律是一个体系，在法律与法律之间、法规与法规之间、规章与规章之间，都是有一定等级的。这种等级在我国《立法法》中已经确定，一旦相互冲突，就应按上位法优于下位法的原则，适用上位法。需要指出的是，如果立法等级不明确，则应采用解决法律冲突的特殊方式处理。

（3）新法优于旧法。同一内容的法在不同时期颁布产生冲突时，应按照新法优于旧法的原则处理。当然，有两个例外情况：一是当新、旧法处于不同位阶、不同等级时，即当旧法是上位法，新法是下位法时，不能适用这一原则；二是当新、旧法处于同一位阶但不是同一立法主体制定或认可的法时，也不能按上述原则处理。一旦发生这两种情况时，则应按我国《立法法》的有关规定，用解决法律冲突的特殊方式处理。

（4）特别法优于一般法。这一原则的适用是有条件的，这就是必须是同一主体制定的法，并包括如下两种情况：一是指在适用对象上，对特定主体和特定事项的法，优于对一般主体和一般事项的法；二是指在适用空间上，特定时间和特定区域的法，优于平时和一般地区的法。另外，对于我国的自治法规和经济特区法规，《立法法》规定：①自治条例和单行条例，依法对法律、行政法规、地方性法规作变通规定的，在本自治地方适用自治条例和单行条例的规定；②经济特区法规根据授权对法律、行政法规、地方性法规作变通规定的，在经济特区适用经济特区法规的规定。

2. 法律冲突解决的特殊方式。如果对法律冲突不能用一般方式解决时，只能采取特殊方式。在西方国家多数是采用违宪审查的方式解决。我国则主要是通过备案、批准以及审查制度来解决的。

（1）裁决。在实践中，出现如下情况时，由有权的国家机关予以裁决：①法律之间对同一事项的新的一般规定与旧的特别规定不一致，由全国人大常委会裁决；行政法遇到上列情况，由国务院裁决；同一机关制定的地方性法规、规章遇到上列情况，由制定机关裁决。②地方性法规与部门规章对同一事项规定不一致时，由国务院提出意见，认为应适用地方性法规的，应决定在该地方适用地方性法规；如果认为应适用部门规章的，应提请全国人大常委会裁决；部门规章之间、部门规章与地方政府规章不一致时，由国务院裁决。③根据授权制定的法规与法律规定不一致时，由全国人大常委会裁决。

（2）改变或撤销。《立法法》规定了有关法律文件的改变和撤销的权限，具体包括以下几个方面：①全国人民代表大会有权改变或者撤销它的常务委员会制定的不适当的法律，有权撤销全国人民代表大会常务委员会批准的违背宪法以及违反法律、行政法规基本原则的自治条例和单行条例；②全国人民代表大会常务委员会有权撤销同宪法和法律相抵触的行政法规，有权撤销同宪法、法律和行政法规相抵触的地方性法规，有权撤销省、自治区、直辖市的人民代表大会常务委员会批准的违背宪法和违反法律、行政法规基本原则的自治条例和单行条例；③国务院有权改变或者撤销不适当的部门规章和地方政府规章；④省、自治区、直辖市的人民代表大会有权改变或者撤销它的常务委员会制定的和批准的不适当的地方性法规；⑤地方人民代表大会常务委员会有权撤销本级人民政府制定的不适当的规章；⑥省、自治区的人民政府有权改变或者撤销下一级人民政府制定的不适当的规章；⑦授权机关有权撤销被授权机关制定的超越授权范围或者违背授权目的的法规，必要时可以撤销授权。

（3）备案和审查。按《立法法》的规定，下列法规和规章应在公布后 30 日内备案：行政法规应报全国人大常委会备案；地方性法规报全国人大常委会和国务院备案；自治州、自治县制定的自治条例和单行条例，由省级人大常委会报全国人大常委会备案；部门规章和地方政府规章报国务院备案，地方政府规章同时报本级人大常委会备案；较大的市的人民政府制定的规章应同时报省级人大常委会备案；根据授权制定的法规应当向授权决定规定的机关备案。

【拓展案例】
齐玉苓诉陈晓琪等侵犯受教育权案

【拓展案例】
李慧娟法官的判决

【课后练习与测试】

第六章　法律关系

本章知识结构图

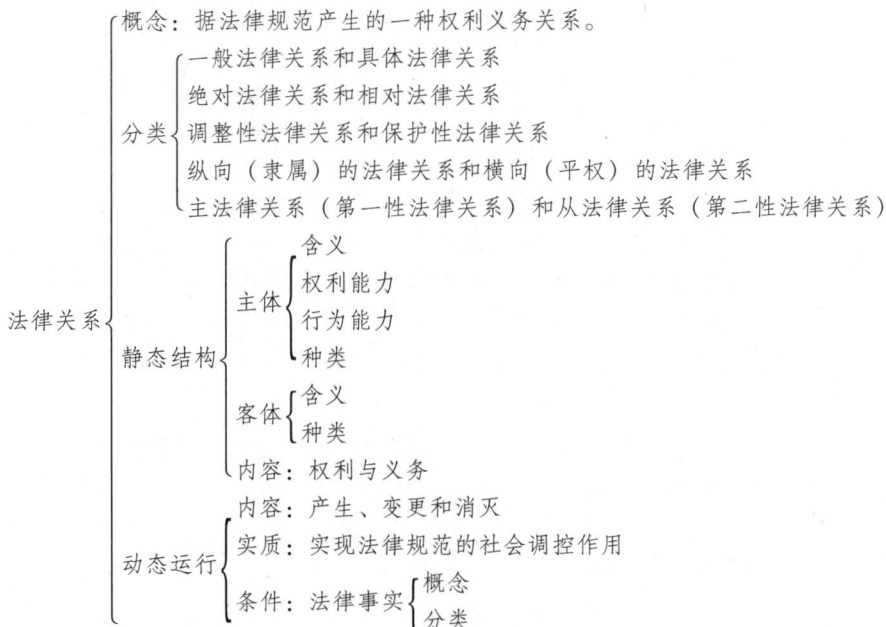

概念：据法律规范产生的一种权利义务关系。

法律关系
- 分类
  - 一般法律关系和具体法律关系
  - 绝对法律关系和相对法律关系
  - 调整性法律关系和保护性法律关系
  - 纵向（隶属）的法律关系和横向（平权）的法律关系
  - 主法律关系（第一性法律关系）和从法律关系（第二性法律关系）
- 静态结构
  - 主体
    - 含义
    - 权利能力
    - 行为能力
    - 种类
  - 客体
    - 含义
    - 种类
  - 内容：权利与义务
- 动态运行
  - 内容：产生、变更和消灭
  - 实质：实现法律规范的社会调控作用
  - 条件：法律事实
    - 概念
    - 分类

本章重点内容讲解

　　法律关系是根据法律规范所产生的、以主体之间的法律权利与法律义务形式表现出来的特殊的社会关系。法律关系的静态结构由主体、客体与内容三个要素构成。法律关系在现实生活中的运行，即法律关系的产生、变更和消灭，又以法律事实的出现为条件。法律关系是法学中极为重要的概念，也是理解和分析法律现象的关键。

第一节　法律关系的概念和分类

一、法律关系的概念

（一）法律关系是社会内容与法律形式的统一

法律关系是根据法律规范产生的，以主体之间的权利与义务关系的形式表现出来的特殊的社会关系。法律关系属于社会关系。人与人之间的社会关系多种多样，并不是法律规范能够全部支配的。在这一点上，法律关系就与那些产生于其他类型的规范（如道德规范、宗教规范等）的社会关系区分开来。有许多社会关系，法律并不过问，而是委诸道德规范、宗教规范和习俗等来处理，由法律来调整的社会关系，只是一小部分。有很多社会关系，如友谊关系、恋爱关系、政党社团的内部关系等，是不属于法律调整范围内的关系，或者说，法律不宜调整这些社会关系，因而，这些社会关系就不可能形成法律关系。法律关系是人们有目的、有意识建立的一种社会关系，这是由于：①法律关系是根据法律规范建立的，而法律规范又是国家意志的体现；②法律关系参加者的意志对于法律关系的建立和实现有着重要作用。所以，在法律关系的形成过程中，国家或个人的意志必然参与其中。这样一来，就有人认为，不能把法律关系和受它调整的社会关系混同起来，这种被调整的社会关系虽然适应法律规范而被导入法律关系的范围之内，但它本身并不能变成法律关系。这种观点实际上是认为，法律关系与受法律调整的社会关系在本质上完全不同，法律关系实质上更是一种思想关系或意志关系。

另外，法律关系是人与人之间的关系。它不同于人与自然界、人与物之间的联系。当然，法律关系，特别是涉及环境保护、食品卫生、建筑质量等问题所建立的法律关系，其内容既包含着人与人的关系，也涉及人与物、人与自然界的关系。国家之所以把这类人与物之间的关系纳入法律关系中，是因为这类关系涉及人（包括他人和后代）的利益、社会的利益。因此，人与物之间的关系进入法律关系之中，体现的仍然是人与人之间的关系。法律关系是人们有意识、有目的建立的社会关系，但它又是建立在不以人的意志为转移的客观规律基础上的。按唯物史观，可以把全部社会关系分为物质社会关系和思想社会关系，思想社会关系不过是物质社会关系的上层建筑，而物质的社会关系是不以人的意志为转移而形成的，是人维持生存的活动方式。法律关系首先体现为思想的社会关系，但不能仅仅看到法律关系的意志形式，而看不到其背后的物质关系。因此，法律关系作为体现意志性的社会关系，既有以人的意志为转移的思想关系的属性，又有受到不以人的意志为转移的物质关系制约的属性。既不能把法律关系视为人与物的关系或视为自然规律本身，也不能把法律关系同物质关系彻底割裂。任何社会关系，不论发生在什么领域，都是以人的有意识、有目的的活动表现出来的。

（二）法律关系是根据法律规范建立并得到法律保护的关系

与法律规范的联系构成了法律关系不同于其他社会关系的特点，决定了它具有法所具有的重要属性，如国家意志性、国家强制性。法律关系是主体之间的联系，同时也是主体与国家之间的联系。国家支持、保证主体权利的行使，保证义务的承担，法律关系参加者任何一方如果不履行自己所应尽的义务，都要受到法律的制裁。因此，法律关系参加者实现自己权利的行为，同时也是国家实现法律的行为。法律关系是法派生出来的现象，法律规范是法律关系产生的前提。这一命题具有重要意义，它意味着各种法律关系的建立都必须有严格的法律根据，以保障法的制定与实施的有机统一。反之，不根据法律规范任意建立"法律关系"，必然会使一个国家的法制的统一性遭到破坏。

有很多关系，并非经由法律而产生，比如说，朋友之间互相帮助，亲戚之间相濡以沫，人喜欢某种动物而动物报以温情，等等，就不是因为有了法律才形成和存在的。这些关系，只是建立在某种事实基础上的联系。但是，有很多已经存在的关系，在经过法律规范调整之后，就会形成一种不同于原来的事实关系的新的联系，这种新的联系，由于是经由法律调整之后形成的，因此大体上就可以叫作法律关系。例如，兄弟之间本是一种建立在血缘关系上的亲情联系，可是，如果兄弟之间在赡养父母的问题上发生争执，就有可能要根据法律的相关规定来分配他们各自应当承担的赡养责任，而按照法律规定分担赡养责任之后所形成的这种兄弟关系，就是一种不同于原来的基于纯粹血缘关系的新的关系，这种新的关系，就是法律关系。另外，有一些关系，本身就是根据或经由某些法律规范才产生的，比如说，两个人根据合同法的相关规定签订一个买卖协议，以便进行交易，这样的关系，当然就是法律关系。在这里，我们大体上可以把法律规范形成的网络比作一面带有颜色的透镜，如果说事实关系是无色的，那么法律关系就是经由这面有色透镜观看无色的事实关系之后形成的与透镜同色的关系。

（三）法律关系是主体的权利与义务关系

萨维尼认为，法律关系是"由法律规则所决定的人和人之间的关系"，也就是说，人和人之间的关系有多种，而只有那些经过法律规则调整后形成的关系，才是法律关系。在这里，我们就要回忆法律本身的一个特征，那就是，法律是规定权利和义务的社会规范。法的这个特征的意思是说，法是通过规定人们的权利和义务，以权利和义务的调整为机制，来影响人们的动机，指引人们的行为，并调整社会关系的。法的这种调整方式，也使它与道德、宗教、习惯等区别开来，因为，一般来说，道德是以规定人对人的义务、宗教是以规定人对神的义务来调整社会关系的，而依照习惯行事，则无所谓权利和义务。正由于法律是通过规定人们的权利和义务来调整社会关系的，因此，由法律规则所决定的人和人之间的关系，也就是说法律关系，最终也必然表现为一种权利义务关系。至此，我们就可以为法律关系这一概念下一个定义：法律关系是在法律规范调整社会关系的过程中所形成的人们之间的权利义务关系。

法律规范与法律关系都包含着主体的权利与义务，但它们在法律规范和法律关系中的表现形式不同。在法律规范中，主体的权利与义务只是一种可能性，是主体能做和应该做的行为，并不是现实的行为；在法律关系中，主体的权利与义务属于现实性的领域。同时，在法律规范中，主体的权利与义务是针对同一类人、同一类行为的，凡是出现法律规范所假定的事实，具有法律规范所规定的主体的资格，都享有同一类权利并承担同一类义务。而在法律关系中，法律所规定的事实情况、主体、权利与义务及其所指向的对象都是具体的。因此，法律规范中的权利与义务是抽象的，而法律关系中的权利与义务是具体的，法律关系是使法律规范的规定具体化的工具。

二、法律关系的种类

在现代国家，法律对社会生活和社会关系的调整，范围愈加宽广，程度愈加深入，方式愈加多样，法律关系也因此愈加丰富，并更具多样性。为了识别和具体把握不同法律关系的性质和特征，以便更好地利用法律关系机制实现法的作用和价值，有必要按照某些标准对法律关系进行分类，并明白这些分类所具有的意义。

（一）一般法律关系和具体法律关系

按照法律关系主体的具体化程度不同，可以将法律关系分为一般法律关系和具体法律关系。

一般法律关系是根据宪法形成的国家、公民、社会组织及其他

【拓展知识】
"法律关系"概念的发展历史

社会关系主体之间普遍存在的社会联系。它直接反映该社会经济制度、政治制度等带有根本性问题和社会的基本利益结构，是社会中的根本性权利和义务关系，是构成其他法律关系的基础。其特点在于：①该关系的主体具有普遍性；②它是每一个主体之间的普遍的法律联系；③它不根据某一具体事实而产生，而是由某种长久的事实状态引起的。比如说，确定公民基本权利与义务的基本法律关系，只是由于主体是中华人民共和国公民这一事实而产生的。具体法律关系是根据以宪法为指导的普通法（包括实体法和程序法）而形成的，存在于特定主体之间的具体权利与义务关系。具体的自然人之间，法人之间，自然人与法人之间，自然人、法人与政府管理部门之间的法律关系，就是具体的社会关系的法律表现。具体法律关系的特点在于，该关系的主体是具体的（或者一方是具体的，或者双方都是具体的）。具体法律关系的产生不但要有法律的规定，而且要有具体事实的发生。如诉讼法律关系的产生，除诉讼法的规定外，还须基于诉讼法上的事实。一个国家的一般法律关系，对于型塑该国的具体法律关系，具有重要意义。

（二）绝对法律关系与相对法律关系

依据其主体是单方具体化还是双方具体化，法律关系可以分为绝对法律关系和相对法律关系。

绝对法律关系中主体的一方——权利人是具体的，而另一方——义务人则是除了权利人之外的所有人。这种法律关系的表达公式是，"某个人对其他一切人"。最典型的绝对法律关系是物权关系，其他如人身权、知识产权等领域的法律关系也具有类似的特点。由于绝对法律关系是对现实关系的确认，不需要义务人积极的行为，所以又称为确认性的法律关系。相对法律关系的主体，无论权利人还是义务人都是具体的。这种法律关系的表达公式是，"某个人对某个人"。最典型的相对法律关系是债权关系，债的一方（债权人）享有要求他方为一定行为或不为一定行为的权利，他方具有满足该项要求的义务。在相对法律关系中主体之间的联系达到了最直接、最密切的程度。由于相对法律关系需要义务人的积极行为的配合，创设一种新的关系，所以又称为创设性的法律关系。

这种划分可以使我们认识到，不只是具体主体之间已经形成的相对性法律关系才具有法律关系的性质，绝对性法律关系的存在往往是隐性的，它常常是相对性法律关系建立的前提和基础。例如，所有权在某人与此人之外的其他一切人之间建立了一种绝对性法律关系，但当此人之外的某个人侵犯其所有权时，就在此人与侵权人之间形成了一种债权关系，即一种相对性法律关系。

（三）调整性法律关系和保护性法律关系

依据法律关系的产生是否适用法律制裁，可以划分为调整性法律关系和保护性法律关系。

调整性法律关系是不需要适用法律制裁，主体权利就能够正常实现的法律关系，它建立在主体的合法行为的基础上，是法的实现的正常形式。调整性法律关系的典型形态是民事法律关系，如民事合同关系，就是基于主体签订契约的行为而产生的法律关系。保护性法律关系是在主体的权利与义务不能正常实现的情况下通过法律制裁而形成的法律关系，它是在违法行为的基础上产生的，是法的实现的非正常形式。最典型的保护性法律关系就是刑事法律关系。在一个社会中，调整性法律关系所占比例越大，说明该社会的法治意识和法律机制就越健全，权利和义务的实现就越良性。相反，若一个社会中的保护性法律关系过多，就说明该社会的违法状况比较严重，而需要引起人们的注意了。

（四）纵向（隶属）的法律关系和横向（平权）的法律关系

根据主体之间的相互地位，法律关系可以划分为纵向（隶属）的法律关系和横向（平权）的法律关系。纵向（隶属）的法律关系，即法律关系主体之间存在隶属关系，一方服从于另一方，行政法律关系是最典型的隶属型法律关系。横向（平权）的法律关系，即法律关系主体之间地位是平等的，相互间没有隶属关系。在各个部门法调整的法律关系中，民事法律关系是最典型的横向（平权）的法律关系。

需要注意的是，隶属型法律关系和平权型法律关系虽然性质有差异，但在隶属型法律关系中，管理者一方并非只享有权利而不负担义务，被管理者一方也并非只负有义务而不享有权利，二者之间仍是一种权利义务关系。

（五）主法律关系（第一性法律关系）和从法律关系（第二性法律关系）

按照相关的法律关系作用和地位的不同，可以将其分为主法律关系（第一性法律关系）和从法律关系（第二性法律关系）。主法律关系（第一性法律关系）是人们之间依法建立的不依赖其他法律关系而独立存在的法律关系或在多向法律关系中居于支配地位的法律关系。由此而产生的、居于从属地位的法律关系，就是从法律关系（第二性法律关系）。例如，在债的担保情形中，债权人与债务人之间的借贷法律关系就是第一性法律关系，而担保人与债权人之间的法律关系则必须依附于这种借贷法律关系，不能独立存在，故是第二性的法律关系。这种分类与主权利义务和从权利义务的划分是一致的，因此，通过区分第一性法律关系和第二性法律关系，可以知道哪些权利应当首先保护，哪些义务应当首先履行。比如说，在上述债的担保关系中，只有当债务人不能履行自己的义务时，才能让担保人履行与第一性的借贷法律关系相关的还债义务。若债务人已经履行了自己的义务，则担保人的义务一并归于消灭。

第二节　法律关系的静态结构

一、法律关系的主体

（一）法律关系的主体的概念

法律关系主体，即法律关系的参加者，是法律关系中权利的享受者和义务的承担者。法律支配人与人之间的生活关系，使人能够在确定的范围内自由行动并享有利益，于是，生活才有秩序可言。法律秩序是以人为中心展开的，法律关系的形成，也必须以人为基础。因此，在社会生活中以及在法律关系中，"人"自然就处于中心地位。"人"既然在法律关系中处于中心地位，那么法律关系的主体，自然就应当是"人"。这里所说的作为法律关系主体的"人"，是指法律上的拟制人，主要包括自然人、组织和国家等能够具有独立法律人格的主体。在法律关系中，享有权利的一方称为权利人，承担义务的一方称为义务人。

（二）法律关系主体的资格：权利能力和行为能力

自然人、法人和组织等要成为法律关系的主体，必须具备哪些资格呢？由于法律关系的核心是权利和义务，因此，能够享有权利并承担义务，就应当是法律关系主体必备的资格。当一个自然人或法人有能力享有权利并承担义务时，我们称之为具有"权利能力"，这是法律关系主体资格的第一必备要件。另外，有些法律关系的建立，要求参与者必须能够理智地控制自己的行为，能明白自身行为的意义，这就是主体的"行为能力"，这是某些类型的法律关系主体必须具备的一种能力。

权利能力是权利主体享有权利和承担义务的能力，它反映了权利主体取得享有权利和承担义务的资格。各种具体权利的产生必须以主体的权利能力为前提。在不同的法律关系中对其参加者的要求不同，所需要的权利能力也不同：在一般法律关系中，凡是取得一国国籍的公民都具有权利能力；在其他法律关系中，有时需要有某种特殊的权利能力，如按照 2008 年开始实施的《企业所得税法》，我国居民企业、非居民企业所得税对权利能力的要求就不同，国家对其规定了不同的税率。

在自然人的权利能力问题上，近现代法制均确认所有公民的权利能力一律平等，非公民的自然人在人身和财产关系方面，也与公民具有平等的权利能力。这容易被误认为权利能力是自然人与生俱来的东西，实际上，权利能力是由法律赋予的。在前现代社会，法律就不把权利能力赋予所有人。公民的权利能力分为一般权利能力和特殊权利能力两类。一般权利能力为所有公民所普遍享有，不因性别、种族、地位等而有别，始于出生，终于死亡。特殊权利能力则以一定的法律事实出现为条件才能享有。如在政治领域方面的权利能力（选举权和被选举权等），这种权利能力往往要受法定年龄或政治条件的限制。

行为能力是指权利主体能够通过自己的行为实际取得权利和承担义务的能力。行为能力必须以权利能力为前提，无权利能力就谈不上行为能力。但是，对自然人来讲，有权利能力不一定有行为能力。作为权利主体必须有意志自由，这不仅意味着主体能够以自己的名义独立地参加到法律关系中，而且意味着主体能够理解自己的行为，并通过自己有意识的行为独立实现主体权利和法律义务。在各国的法律中对自然人的行为能力都有年龄方面和健康状况方面的限制，由此分为完全行为能力人、限制行为能力人和无行为能力人三种。《民法通则》第 11 条、第 12 条对公民行为能力的年龄方面的规定有："18 周岁以上的公民是成年人，具有完全民事行为能力，可以独立进行民事活动，是完全民事行为能力人。16 周岁以上不满 18 周岁的公民，以自己的劳动收入为主要生活来源的，视为完全民事行为能力人"，"10 周岁以上的未成年人是限制民事行为能力人，可以进行与他的年龄、智力相适应的民事活动；其他民事活动由他的法定代理人代理，或者征得他的法定代理人的同意。不满 10 周岁的未成年人是无民事行为能力人，由他的法定代理人代理民事活动"。《民法通则》第 13 条对公民行为能力在健康方面的限制包括："不能辨认自己行为的精神病人是无民事行为能力人，由他的法定代理人代理民事活动。不能完全辨认自己行为的精神病人是限制民事行为能力人，可以进行与他的精神健康状况相适应的民事活动；其他民事活动由他的法定代理人代理，或者征得他的法定代理人的同意。"不仅自然人具有权利能力和行为能力，社会组织也具有权利能力和行为能力。作为民事法律关系主体的法人，其权利能力和行为能力不同于自然人，法人的权利能力从法人成立时产生，法人终止时，它的权利能力、行为能力也都消灭。自然人的行为能力一般通过自身实现，而法人的行为能力则通过代表法人行使职权的负责人——法人法定代表人实现。

（三）法律关系主体的种类

我国法律关系的主体主要包括以下几类：

1. 自然人，即个人主体。公民是自然人中最基本的、在数量上占据绝对优势的主体。在我国，凡是取得中华人民共和国国籍的人都是公民基本权利和义务的承担者，可以和其他公民、社会组织、国家机关以及国家之间发生多种形式的法律关系。某些政治法律关系，如选举法律关系，非我国公民不得参加。按照《民法通则》的规定，个体工商户、农村承包经营户和个人合伙也包括在个人主体（自然人）的范围内。

2. 机构和组织（法人）。它包括三类：第一类是国家机关，包括国家的权力机关、行政机关、审判机关和检察机关等，它们在其职权范围内活动，能够成为宪法关系、行政法关系、诉讼法关系等多种法律关系的主体；第二类是政党、社会团体；第三类是企事业单位。国家机关也可以以法人（非企业法人）的身份参加到某些民事法律关系中，只是这时国家机关的活动不具有行使职权的性质。

3. 国家。国家作为一个整体，是某些重要法律关系的参加者，既可作为国家所有权关系、刑法关系、行政法关系等法律关系的主体，又可以成为国际法关系的主体。

【拓展案例】美国驻德黑兰的外交和领事人员案

二、法律关系的客体

（一）法律关系的客体的概念

法律关系的客体，又称权利客体，是法律关系主体的权利与义务所指向的对象。在法学上，一方面，法律关系的客体具有哲学意义上客体的一般属性，不以主体的意志为转移，具有客观性，是独立于人的意识之外并能为人的意识所感知和人的行为所支配的客观世界中各种各样的现象。另一方面，法律关系客体又具有自己的特殊性，它能够满足主体的物质利益和精神需要，是满足权利人利益的各种各样的物质和非物质的财富，它得到法律规范的确认和保护。

法律关系的客体是一定利益的法律形式，其具体化范围受一定生产力发展水平和社会文明程度的制约，但其总的趋势是，随着生产力的不断发展，法律关系客体的范围也越来越广泛。比如说，许多原来不属于法律关系客体的社会财富，就在逐渐变为客体，如清洁的空气、试管婴儿、人体器官等。在现代社会，一般而言，只有同时符合以下四个条件者，才成为法律关系的客体：①必须是经法律规定许可的，具有合法性；②必须是一种资源，能够满足人们的某种需要，具有价值；③必须具有一定的稀缺性，不能被需要它的一切人毫无代价地占有利用；④必须具有可控性，可以被需要它的人为一定目的而加以占有和利用。

（二）法律关系的客体的种类

1. 物。法律意义上的物是指法律关系主体支配的、在生产和生活上所需要的客观实体。它既可表现为自然物，如森林、土地、自然资源，也可表现为人的劳动创造物，如建筑物、机器、各种产品。它既可以是国家和集体的财产，也可以是公民的个人财产，还可以是财产的一般表现形式——货币，以及其他各种有价证券，如支票、汇票、存折、股票、债券等。

2. 人身。人身是由各个生理器官组成的生理整体（有机体）。它是人的物质形态，也是人的精神利益的体现。在现代社会，随着现代科技和医学的发展，使得输血、植皮、器官移植、精子提取等现象大量出现；同时也产生了此类交易买卖活动及其契约，带来了一系列法律问题。这样，人身不仅是人作为法律关系主体的承载者，而且在一定范围内成为法律关系的客体。但须注意的是：①活人的（整个）身体，不得视为法律上之"物"，不能作为物权、债权和继承权的客体，禁止任何人（包括本人）将整个身体作为"物"参与有偿的经济法律活动，不得转让或买卖。贩卖或拐卖人口，买卖婚姻，是法律所禁止的违法或犯罪行为，应受法律的制裁。②权利人对自己的人身不得进行违法或有伤风化的活动，不得滥用人身，或自践人身和人格。例如，卖淫、自杀、自残行为属违法行为或至少是法律所不提倡的行为。③对人身行使权利时必须依法进行，不得超出法律授权的界限，严禁对他人人身非法强行行使权利。例如，有监护权的父母不得虐待未成年子女的人身。

人身（体）部分（如血液、器官、皮肤等）的法律性质，是一个较复杂的问题。对此应从三方面分析：当人身之部分尚未脱离人的整体时，即为所属主体之人身本身；当人身之部分自然地从身体中分离，已成为与身体相脱离的外界之物时，亦可视为法律上之"物"；当该部分已植入他人身体时，即为他人人身之组成部分。

3. 非物质财富。它包括创作活动的产品和其他与人身相联系的非财产性财富。创作活动的产品包括科学著作、文学艺术作品、科学发明、发现、合理化建议、商标，这些产品都是人们脑力活动的产物，因而又称智力成果。由于这些智力成果可以为其他人所享用，因此它又不同于生产这些复制品的行为，必须对其加以尊重和保护。其他与人身相联系的非物质财富包括公民和组织的姓名或名称，公民的肖像、名誉、尊严、人身、人格和身份等。

【拓展案例】医院擅自处理死胎，产妇申请赔偿获法院支持

4. 行为结果。一定的行为结果可以满足权利人的利益和需要，可以成为法律关系的客体。这种结果一般分为两种：一种是物化结果，即义务人的行为（劳动）凝结于一定的物体，产生一定的物化产品或营建物；另一种是非物化结果，即义务人的行为没有转化为物化实体，而仅表现为一定的行为（通常为服务行为）过程所产生的结果（或效果）。

【课后练习与测试】

三、法律关系的内容

（一）法律关系的内容的概念

法律关系的内容就是法律关系主体之间的法律权利和法律义务。它是法律规范所规定的法律权利与法律义务在实际社会生活中的具体落实。作为法律关系内容的权利和义务，不同于其他意义上的权利和义务，它们既具有法律性，也受一定物质生活条件的制约

而具有社会性。

（二）权利与义务的概念

法律权利是指由国家通过法律加以许可的自由意志支配的行为范围。它反映一定物质生活条件所制约的行为自由，是法律所允许的权利人为了满足自己的利益而采取的、由其他人的法律义务所保证的法律手段。法律权利的特点在于：①权利受到一定物质生活条件的制约；②它来自法律规范的规定，得到国家的确认和保障；③它是保证权利人利益的法律手段；④它是与义务相关联的概念，离开义务就无法理解权利；⑤它确定权利人从事法律所允许的行为的范围，在这一范围内，权利人满足自己利益的行为或者要求义务人从事一定行为是合法的，而超过这一范围，则是非法的或不受法律保护的。

义务是国家通过法律规定，对法律主体的行为的一种约束手段，是法律规定人们应当作出和不得作出某种行为的界限。法律义务反映一定物质生活条件所制约的社会责任，是法律所规定的义务人应该按照权利人要求从事一定行为或不行为，以满足权利人的利益的法律手段。法律义务同样也受到物质生活条件的制约。它的特点在于义务的必要性——义务人必须从事或不从事一定的行为，否则权利人的利益不可能得到满足。同时，义务人的必要行为也是在一定范围内的，超过这一范围，则属于义务人的自由，它有权拒绝权利人在这一范围之外的利益要求。

关于义务的性质也有各种学说，大体上有什么样的权利学说就有相应的义务学说。我们已经知道，权利概念强调的是自主行为的能力和利益获得，与之相应，义务概念强调的就是拘束自己的行为和利益的失去。义务也有道德上的、宗教上的、习惯上的、法律上的等多种。法律上的义务，即是由国家法律规定或承认的，法律关系主体应这样行为或不应这样行为的限制或拘束。或者说，义务是满足或实现权利的一种手段，正是通过义务的履行，才能够实现权利。有一种权利，必然就有一种与之对应的义务，反之亦然。

（三）权利与义务的关系

在现代法律中，权利与义务是相对而言的，没有无义务的权利，也没有无权利的义务。权利与义务的一致性包括多种含义：

1. 在任何一种法律关系中，权利人享受权利依赖于义务人承担义务，义务人如果不承担义务，权利人就不可能享受权利；权利

与义务表现的是同一行为，对一方当事人来讲是权利，对另一方来讲则是义务。就权利与义务的实质内容（行为）来讲，二者是统一的。权利与义务所指向的对象（客体）也是同一的。

2. 不能一方只享受权利不承担义务，另一方只承担义务不享受权利。任何权利都意味着权利人在法律所允许的范围内能做一定的行为，使自己的行为不超出这个范围是权利人的义务；而任何义务也都意味着义务人在法律要求的范围内应做一定的行为，超过这个范围则属于义务人的自由，即义务人的权利。

3. 权利的行使有一定的界限，不能滥用权利。在绝对法律关系中，如所有权、人身权等，都是一种排他性的权利，这种权利可以对抗所有的其他人，其他人承担不作为的义务。但是权利人权利的行使也不是绝对的，不得滥用权利。权利滥用的规定始自古代罗马法，定制于法国的《人权宣言》，后来随着《拿破仑法典》吸收了这个制度而演变为举世公认的权利行使原则。例如，《物权法》第 7 条规定："物权的取得和行使，应当遵守法律，尊重社会公德，不得损害公共利益和他人合法权益。"我国《宪法》第 51 条规定："中华人民共和国公民在行使自由和权利的时候，不得损害国家的、社会的、集体的利益和其他公民的合法的自由和权利。"这就要求公民在行使权利和自由的同时，必须履行自己所应尽的义务，不得滥用这些权利和自由，否则，公民的权利不可能得到真正的保障。

【拓展阅读】
形形色色的
"新权利"

【课后练习
与测试】

第三节　法律关系的动态运行

一、法律关系的产生、变更和消灭

法律关系的运行，即法律关系的产生、变更和消灭，这是从动态角度对法律关系的认识。法律是对社会生活的调整，社会生活千变万化，法律关系也必须是运动变化的。在这个意义上，法律关系运行是：规范上的法律关系转化为现实中的法律关系，实现法律规范的社会调控作用。

法律关系的产生是指特定主体间形成法律上的权利义务关系，法律关系的变更是指法律关系诸要素的变化，法律关系的消灭是指主体间权利义务关系的终止。

法律一方面构造出各种法律关系的规范模型，同时还规定了这些法律关系在现实中产生、变更和消灭的条件，这些条件包括：①法律规范，即法律关系的形成、变更和消灭的法律依据。前已述及，法律关系是一种通过法律构造出来的人与人之间的关系，因此，如果没有法律本身的存在，则法律关系的存在和演变就不再可能。比如说，民告官过程中形成的公民与国家机关之间的行政诉讼法律关系，就必须要以行政诉讼法的存在为前提。②权利主体，即权利与义务的承担者。③法律事实，即出现法律规范所假定出现的那种情况。虽然法律的存在是法律关系存在的必要前提条件，但是，法律规范只是概括地、抽象地规定了人们在社会生活中的权利和义务，这种规定是假设性的，即假设当一定事件或行为出现后，法律关系应处于何种状态。因此，法律规范的存在只为法律关系的产生、变更和消灭提供了前提或模式。就此而言，法律事实的出现使法律规范中可能的权利和义务转变成现实的权利和义务。如果说法律规范为法律关系的产生、变更和消灭提供了可能性条件，那么，法律事实就为法律关系的产生、变更和消灭提供了现实性条件。

在上述三个条件中，法律规范和权利主体是法律关系产生的抽象的、一般的条件，而法律事实则是法律关系产生的具体条件。法律关系只有在一般与具体的条件都具备的情况下才能产生。

二、法律事实的概念和分类

法律事实是指法律规范所规定的，能够引起法律后果，即法律关系产生、变更和消灭的现象。由此可见，法律事实是一种规范性的事实，是法律规范社会的产物，没有法律就不会产生法律事实。正如吉尔兹所言："法律事实并不是自然生成的，而是人为造成的，一如人类学家所言，它们是根据证据法规则、法庭规则、判例汇编传统、辩护技巧、法官雄辩能力以及法律教育成规等诸如此类的事物而构造出来的，总之是社会的产物。"

根据不同的标准，可对法律事实作如下几种分类：

（一）行为和事件

法律事实依据它是否以权利主体的意志为转移可以分为行为和事件。这是最重要的一种分类。行为是以权利主体的意志为转移，能够引起法律后果的法律事实。在现实生活中，大量的最为重要的法律事实都是行为，包括合法行为和不合法行为，例如，签订合同的行为就是合法行为，故意杀人的行为就是不合法行为，但二者都能够引发相应的法律后果。

事件是不以权利主体的意志为转移的法律事实。事件包括自然事件和人为事件。自然事件与人的意志完全无关，如打雷、刮风、下雨、地震、海啸等；人为事件虽然与人的意志有关系，但是当事人控制不了，如战争、罢工、动乱（战争是人发动的，但是当事人无法控制，若今天签了一份合同，明天战争发生了，合同当事人都控制不了战争，合同约定的事项无法实现，那么这是法律事件，当事人不承担违约责任）。

（二）肯定的法律事实和否定的法律事实

按照产生法律后果是否要求某些现象存在，可将法律事实分为肯定的法律事实和否定的法律事实。肯定的法律事实表明法律后果的产生要求有一定的现象出现，如果不存在该现象，则不可能产生该法律后果。如《婚姻法》规定的法定婚龄，即是引起婚姻关系的肯定性事实。否定的法律事实表明，法律后果的产生要求不存在一定的现象，如果存在该现象，则不可能产生这一法律后果。如婚姻关系的建立，就必须排除直系血亲与三代以内的旁系血亲关系，该"直系血亲与三代以内的旁系血亲关系"就属于否定性法律事实。

（三）单一的法律事实和事实构成

按照产生法律后果所需要法律事实的数量，法律事实可以分为单一的法律事实和由足够的法律事实所组成的系统，即事实构成。单一的法律事实说明法律后果的产生要求有单一的现象出现。如出生、死亡和放弃债权等，都是单一的法律事实，这种事实一旦出现，就会引起法律关系的产生、变更或消灭。但有些法律关系则必须具备两个或两个以上的法律事实，在这些法律事实之间形成了一个法律事实的系统——事实构成。比如说，国家职工要享受退休金待遇所具备的事实构成包括年龄和工龄两个条件，这也是事实构成。再例如，房屋的买卖，除了双方当事人签订买卖协议外，还须向房管部门办理登记过户手续方有效力，相互之间的关系也才能够成立。

【拓展阅读】
童之伟：法律关系的内容重估和概念重整

【拓展阅读】
朱庆育：再访法律行为的语用逻辑

第七章　法律行为

本章知识结构图

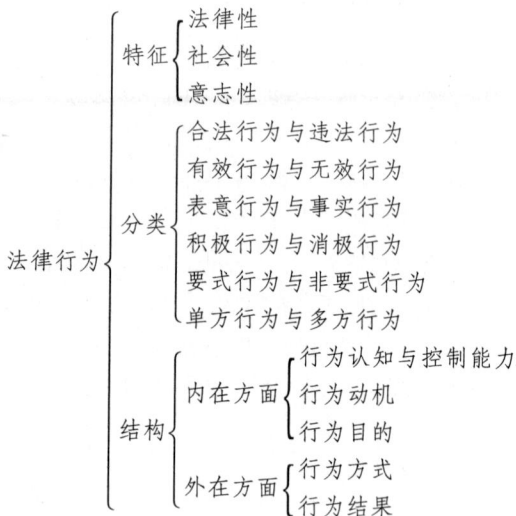

法律行为 {
　特征 {
　　法律性
　　社会性
　　意志性
　}
　分类 {
　　合法行为与违法行为
　　有效行为与无效行为
　　表意行为与事实行为
　　积极行为与消极行为
　　要式行为与非要式行为
　　单方行为与多方行为
　}
　结构 {
　　内在方面 {
　　　行为认知与控制能力
　　　行为动机
　　　行为目的
　　}
　　外在方面 {
　　　行为方式
　　　行为结果
　　}
　}
}

本章重点内容讲解

　　本章讲述法律行为的特征、分类和结构。在法律行为的特征中，要特别留意法律行为的意志性，因为主观意志是决定法律行为最为核心的要素。在法律行为的分类中，除了掌握各种分类及其意义外，还要能够辨别一种法律行为属于何种分类。最后，联想刑法关于犯罪构成要件的内容、民法关于民事责任构成要件的内容，可以更好地理解法律行为的结构这一内容。

第一节　法律行为概述

一、法律行为的概念和特征

　　所谓法律行为，是指人们在其意志控制下实施的受法律调整并能产生法律后果的行为。作为能够引起法律关系产生、变更和消灭之根据的行为，法律行为必须是人们在一定意识或意志支配下表现于外部的行为。那些无意识能力人的行为或在暴力胁迫下所进行的行为，或不表达于外部的个人思想、心理状态，或不发生任何法律后果的行为，如朋友间的约会、个人书写的日记等，都不能作为法律意义上的行为。法律行为的特征主要有三：

（一）法律性

法律性是法律行为区别于一般社会行为的根本特征。法律行为的法律性可以从以下两个方面理解：①法律行为是由法律规定的行为。如有的法学家所说，某个行为之所以成为法律行为，正因为它是由法律规范所决定的。任何行为的法律性质即其与法律规范的关系。一个行为也只能够在法律规范所决定的范围以内，才得以成为法律行为。由法律规定的行为既包括国家希望发生的行为（合法行为），也包括国家不希望发生的行为（违法行为）。②法律行为是发生法律效果的行为。所谓法律效果，首先是指它能够引起人们之间权利义务关系的产生、变更或消灭。其次，它是受到国家承认、保护、奖励的行为（合法行为），或是受到国家否定、取缔、惩罚的行为（违法行为）。那些国家可以不管不问的行为，不属于法律行为之列。当然，法律效果可能是行为人意识到的，也可能是他未意识到的；可能是他的意志指向的，也可能是违背他的初衷的。

（二）社会性

法律行为具有社会意义，会产生社会影响或社会效果。所谓社会意义，是指法律行为能够产生社会效果，造成社会影响，具有交互性。法律行为的发生，一定会对行为者本人以外的其他个人、集体或国家之利益和关系产生直接或间接的影响。这种影响，既可能是积极的，也可能是消极的。比如说，订立买卖合同的行为，一般来说就是一个对他人的利益有积极影响的法律行为；广义的侵权行为，就是对他人的利益有消极影响的法律行为。因此，人在社会中生活，其行为在主要方面都是社会指向的，纯粹自我指向的行为，一般是不具有法律意义的。马克思说："人的活动和享受，无论就其内容或就其存在方式来说，都是社会的，是社会的活动和享受。"法律行为作为人的活动，社会性当然应是其重要特征。正是由于行为具有这种社会影响，才导致了法律调整的需要，需要法律来"定纷止争"。当然，法律调整的行为，并非是一切有社会影响的行为，而是在社会的经济、政治、文化以及一般的社会生活领域有较为重要影响的行为。

【拓展阅读】
"法律行为"
辨正

【课后练习
与测试】

（三）意志性

法律行为具有意志性，即法律行为是受人的意志所支配，有意识、有目的地作出的行为。人的意志是直接由行为者控制，并可以间接受到法律规范控制的。行为的可控制性意味着是行为者自己"志其所行，行其所志"。意志性是人的行为区别于动物对外界的机械反射的主要特点。正是通过意志的表现，行为才获得了"人"的行为的性质。这也正是我们把主观的意思表示或意志性作为法律行为特征的理由。

二、法律行为的分类

（一）合法行为与违法行为

这是根据行为与法律的要求是否一致而作的分类。合法行为是指行为人所实施的具有一定法律意义、与法律规范的精神和内容要求相一致的行为，违法行为指违反法律要求、应受法律负面评价的行为。在现代法治原则的要求中，只要一种行为未被法律禁止，就应当推定为合法行为。只有那些为法律明文禁止的行为，才是违法行为。我们应坚持法治原则的逆向推导逻辑，把"法无明文禁止即合法"作为划分合法行为和违法行为的基本界限。

（二）有效行为与无效行为

按法律所规定的法律行为发生效力的条件这一标准，法律行为可以分为有效行为和无效行为。有效行为是指按法律规定能产生行为者意志所追求的法律后果的行为。无效行为是指按法律规定，行为不能产生行为者意志所追求的法律后果，即不能产生肯定性法律后果。

（三）表意行为与事实行为

依据行为的法律后果是否依"意思"而产生，可以把法律行为分为表意行为与事实行为。表意行为是指作出意思表示，法律后果依意思表示而产生的行为，其法律后果的内容是由意思的内容决定的。事实行为是法律后果的产生不是因为意思表示，而是行为自身作为一种事实引起法律规定的后果，法律后果的内容不由意思设立而直接由法律规定。在民法领域中，多数法律行为，都是表意行为，如订立合同。事实行为的例子往往涉及所有权，比如说无主物的先占、加工、埋藏物的发现、遗失物的拾得、自然孳息的收取等。此外，其他权利也可以因事实行为而取得，如作者创作作品的行为，即可取得作品的著作权。行使公权力的结果，有时也能产生私法上的效果。比如，法院之判决、土地之征收、公司设立之许可、权属之登记等，从私法立场来看，这些行为都是合法的事实行为。

（四）积极行为与消极行为

以行为的外部表现形式为标准，法律行为可以分为积极行为与消极行为。积极行为，即行为主体以主动作出某种举动为表现方式的行为，又称作为。消极行为是以不作出举动为表现形式的行为，又称不作为。例如，按照合同支付货款、律师接案后代理受害者出庭、民政机构设立救助站帮助困难群众等，都是积极行为。而人们在法定禁烟场合不能抽烟，自行车不能驶入机动车道，政府对于不危及公序良俗的言论不能干涉等，都属于消极行为。在大多数情况下，积极行为与消极行为的区别在于，前者引起客体变化，后者则保持客体不变或容许、不阻止客体发生变化。

（五）要式行为与非要式行为

这是以法律行为是否需要以一定形式或外在生效要件而作出的分类。要式行为是必须具备特定形式或必须遵循特定程序始能产生法律效果的行为。例如，《继承法》第 17 条第 4 款规定："以录音形式立的遗嘱，应当有两个以上见证人在场见证"；《合同法》第270 条规定："建设工程合同应当采用书面形式"；《行政处罚法》第 37 条规定："行政机关在调查或者进行检查时，执法人员不得少于两人，并应当向当事人或者有关人员出示证件……"非要式行为则是指无需具备特定形式或程序就能产生法律效力的行为。如诺成行为中的买卖或赠与，均无需采用特定的形式。

法律之所以要求某些行为必须具备特定形式或程序才能成立，是因为这些行为或所涉利益重大，或为了确保当事人意思表示真实，或便于对该行为进行法律上的监督和补救。这里要注意的是，对于行政行为而言，要求其具备特定形式或程序，尤其重要，因为这是法治国家建设的最基本条件。

（六）单方行为与多方行为

这是依据法律行为参与者的数量所做的分类。单方法律行为指依一方当事人的意思表示或由一方当事人主动作为而成立的法律行为，如遗嘱、赠与、放弃继承权的声明、行政命令、行政处罚等。多方法律行为是指两个以上当事人的意思表示一致而成立的法律行

【课后练习与测试】

为，如公民、法人之间签订合同的行为。

这种区分的意义在于，对于单方法律行为而言，只要求做出行为的一方具有单方面的意思表示或意志即已足够。对于多方法律行为来说，则必须要求参与该法律行为的各方意思表示一致才能有效成立。多方法律行为，多适用于民事法律行为，而对行政违法行为或触犯刑法的行为，意义不大。

第二节　法律行为的结构

法律行为的结构也称"法律行为的构成要件"，即法律规定的或通过法律解释确定的构成法律行为的要素。法律行为在结构上可以分解为法律行为的主体、法律行为的内在方面和法律行为的外在方面。法律行为的主体已经在"法律关系"一章讲述了，故这里只讲后两个方面。

一、法律行为的内在方面

法律行为的内在方面，指的是法律行为的意志方面的内容或因素，根据其对行为发生的影响不同，这些因素可以分解为行为认知与控制能力、行为动机、行为目的三个基本方面。

（一）行为认知与控制能力

行为认知，指行为主体对行为本身和行为意义的了解。行为人对自己的行为之意义和可能后果，必然会有一定程度的认识。法律行为更是人有意识的自觉活动，它必然伴随着人的思维和认识活动。不以认知为基础的行为不具有目的性，也没有主观上的法律意义。控制能力是法律确认法律行为及其种类的一个因素。法律通常根据社会活动主体行为控制能力的一般状况确认其法律行为能力（或责任能力）状况，并根据具体情况在法的适用中予以确认。人的认知水平和控制能力之高低直接影响行为的法律意义。严格地说，人们只能以我所知道的事况归责于我。如果一个人对自己的行为的社会意义、结果、有关的法律规定没有任何认识或只有极其模糊的认识，他的行为就没有法律效果。如精神病人在发病期间做出的毁物、伤人、杀人等行动，不能说是犯罪行为。再如无知幼儿、精神恍惚的老人与他人"订立"的合同不具有民事法律效力，此类行为属于无效民事行为。

（二）行为动机

有很多心理因素（心理学概念）可以用来解释行为的内在动机及其向外在行动的转化，其中最古老、最常用的解释性概念是"动机"。人类行为的秘密就深藏于动机之中。动机是人行为的直接原因和驱力，一个人怀有某种动机之后，就会推动他作出某种行动。动机越强烈，行动则越迅即、果敢、集中。另外，动机对人的行动方向具有选择、稳定和加强的作用，能够使行为朝着特定的方向和目标进行，而排除其他干扰。因此，行为者的动机越善良、纯洁，方向就越正确，其行为就越有积极的价值。反之，邪恶的动机必将引导人们沿着错误的方向前进，导致消极的社会影响。正是在这种意义上，人们要对行为者的动机进行善恶评价。法律在某些情况下会对动机作出考量，这主要体现在某些民事法律行为的效力确定上和刑事犯罪的情节认定上。

【拓展阅读】
"动机"小论

（三）行为目的

行为目的是行为主体作出某种行为时在主观上所追求的目的或者后果。动机是深层的，而目的是外显、直接的；动机决定目的，目的表现动机。在法律行为的结构中，目的构成行为的灵魂，并给予行为以规定性。黑格尔说："我的目的构成规定着我的行为的内容。"目的还规定着行为的方向和路线。由于目的对行为的这种定性和导向作用，研判行为的目的性就具有十分重要的意义。在刑法中，正是根据行为有无犯罪目的而区分为罪与非罪、故意与过失、此罪与他罪。在民法中，目的与民事行为的内容是等值概念，构成民法行为的要素。民事行为的内容（目的）与法律的禁止性规定、社会共同利益和社会公德一致与否，是否确定和可能，直接影响或决定着民事行为的法律效力及其范围和程度。

二、法律行为的外在方面

法律行为的外在方面是法律行为的客观表现，是可以观察到的人们活动的状况，它是受法律行为的内在方面支配的，是法律行为在内在方面的外部表现。法律行为的外在方面可以分为行为方式和行为结果两个部分。

（一）行为方式

行为方式即通过一定的行动、手段或过程表现出来的行为状态。行为人为达到预设的目的而在实施行为过程中所采取的各种方

式和方法，包括行动的计划、方案和措施，行动的程式、步骤和阶段，行动的技术和技巧，行动所借助的工具和器械，等等。行为方式（手段）是考察行为的目的并进而判断行为的法律性质的重要标准，是考察法律行为是否成立以及行为人应否承担责任、承担责任之大小的根据。

（二）行为结果

行为结果是行为所产生的对自然或社会的影响，是行为造成的自然或社会的某种变化。与行为方式相比，在法律行为的外在结构中结果具有更为重要的意义。这是因为：①每一个具体的法律行为和行为系列都以某种后果为终结，法律往往根据行为的结果或最终结果而区分既遂行为或未遂行为，确定行为者对其行为负责的范围。②结果不仅是行为发展的最后一个环节，而且是行为的整个过程的凝结和全部要素的体现。所以，行为的法律意义通常是根据其结果而界定的。不过，这里应当区别的问题是：行为结果并不等于法律后果，行为结果只是行为人承担法律后果的依据之一，但并不是法律后果本身。

【拓展阅读】
黄金荣：法理学中的"法律行为"

第八章　法律解释和法律推理

本章知识结构图

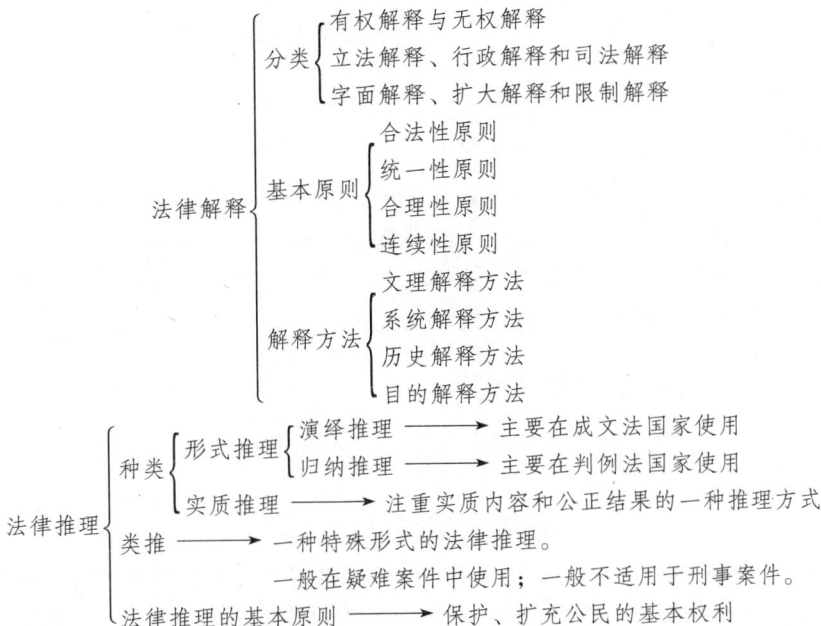

法律解释
- 分类
  - 有权解释与无权解释
  - 立法解释、行政解释和司法解释
  - 字面解释、扩大解释和限制解释
- 基本原则
  - 合法性原则
  - 统一性原则
  - 合理性原则
  - 连续性原则
- 解释方法
  - 文理解释方法
  - 系统解释方法
  - 历史解释方法
  - 目的解释方法

法律推理
- 种类
  - 形式推理
    - 演绎推理 ——→ 主要在成文法国家使用
    - 归纳推理 ——→ 主要在判例法国家使用
  - 实质推理 ——→ 注重实质内容和公正结果的一种推理方式
- 类推 ——→ 一种特殊形式的法律推理。
  - ——→ 一般在疑难案件中使用；一般不适用于刑事案件。
- 法律推理的基本原则 ——→ 保护、扩充公民的基本权利

本章重点内容讲解

　　法律解释和法律推理都是法律运行中的重要步骤。应熟练掌握这两个概念的基本含义。对于法律解释的分类和方法，不仅要能明确其含义，还要能够分析一种解释的归类及其所使用的解释方法。法律推理一节中，应该能够区分形式推理和实质推理，并明确二者之间的关系。要注意，无论实质推理还是类推，注重的都是判决结果的实质公正性，但二者从外在形式上看，最终都符合形式推理的要求。

第一节　法律解释

一、法律解释的概念和意义

　　法律解释是对法律的应有含义所做的理解和说明。法律解释既

是人们日常法律实践的重要组成部分，又是法律实施的一个重要前提。之所以需要法律解释，主要是因为：

1. 法律规范具有抽象性和概括性的特征，它在具体适用过程中必然需要进行一定的加工，把一般性行为模式转化为具体的行为模式，把抽象的规则转化为针对具体人和事物的具体规则。例如，"显失公平""可得利益"等法律术语，就必须结合具体情况作出解释。

2. 法律规范体系往往是不完整的，存在缺陷和漏洞，需要进行法律解释。造成法律体系不完整的原因是多重的，概括而言主要包括以下几个方面：人类对社会客观规律的认识能力的局限；立法过程中各种现实利益的博弈与协调；立法技术等原因造成的立法质量问题；语言自身所具有的一定程度的不确定性；执法过程中对规范有意或无意的误读；社会的发展和急剧变化带来的新问题和新挑战；法律无法涵盖、无法调整的疑难案件的出现；等等。正是由于这些原因，造成了法律体系的"不完整性"。这就使得法律解释在法律实施过程中的作用更为突出。

【拓展阅读】
法律解释的
必要性

二、法律解释分类

根据不同的标准，可以对法律解释进行分类。其中主要包括下述几种分类：

（一）有权解释与无权解释

这是最重要的一种分类，是根据法律解释所能产生的法律上的效力这一标准所作的分类。有权解释，也称法定解释或正式解释，是指由特定的国家机构、公职人员或其他授权的机构和人员对法律作出的具有法律约束力的解释。这种解释主要包括立法解释、行政解释和司法解释三种。无权解释，也称自行解释或非正式解释，是指一般个人、组织和学者根据自己的理解对法律规定所作的解释。要注意，无权解释没有法律上的约束力，但是不一定不产生法律上的影响，如法学专家针对某些案件所出具的法律意见书，就可能会对案件的判决结果产生影响。

（二）立法解释、行政解释和司法解释

这是根据解释主体和解释权限的不同所作的分类。立法解释、行政解释和司法解释均属于有权解释。

从狭义上说，立法解释专指国家立法机构对法律和地方性法规作出的解释。在我国，它包括全国人大常委会对法律的解释，省、自治权、直辖市和其他有权制定地方性法规的人大常委会对其制定的地方性法规的解释。行政解释是指国家行政机构在依法行使行政职权时对有关法律、法规和规章的解释。它包括三种情况：一是国务院及其主管部门对不属于审判和检察工作中的其他法律如何具体应用的问题所作的解释；二是国务院及其主管部门对自己制定的法规和规章的解释；三是省、自治区、直辖市及设区的市人民政府及其主管部门对自己制定的地方性行政规章进行的解释。狭义的司法解释是指国家最高司法机关在适用法律、法规的过程中，对如何具体应用法律、法规的问题所作的解释，包括审判解释，检察解释，审判、检察作出的联合解释。广义的司法解释还包括其他各级人民法院和人民检察院在处理具体案件过程中作出的解释。

【拓展阅读】
司法解释

（三）字面解释、扩大解释和限制解释

根据法律解释的尺度不同，可以将法律解释分为字面解释、扩大解释和限制解释。

字面解释是指根据法律条文字面意义作出的解释，既不扩大，也不缩小文字本身所表达的内容。例如，《刑法》规定又聋又哑的人犯罪应从轻处罚，这里对"又聋又哑"和"从轻处罚"就应采取字面解释。扩大解释又称扩充解释，是指对法律规范所作的解释广于法律条文的字面含义，以充分实现立法原意，包括对象扩大、行为方式扩大、主体扩大等。例如，将我国《刑法》第341条（非法收购、运输、出售珍贵、濒危野生动物、珍贵、濒危野生动物制品罪）中的"出售"解释为包括"出卖和以营利为目的的加工利用行为"，这种解释就是扩大解释。限制解释是指在法律条文的字面含义广于立法原意时，作出比字面含义狭窄的解释。例如，《婚姻法》第21条规定，"父母对子女有抚养教育的义务"，这里的"子女"，就应限制解释为"未成年子女"。

三、法律解释的基本原则

由于法律解释活动事关法律的正确实施，因此，各国在法律解释制度的发展过程中，为了避免法律解释的随意性、混乱性，都逐步确立了一些解释原则。这些解释原则，尤其对于有权解释来说具有规范性意义。具体而言，这些原则包括如下数种：

（一）合法性原则

这一原则要求，法律解释应当符合法律的具体规定和根本精神。这一原则主要包含四个方面的内容：①应当按照法定权限进行解释，不得越权解释。②法律解释活动应当遵循法定程序。③法律解释活动应遵循法律位阶的要求，对下位法的解释不得与上位法相冲突，所有法律解释都不得违背宪法规定和宪法的根本精神。④法律解释作为对于法律规范的补充性说明，应与法律基本原则和法律的立法宗旨相一致，不得突破法律基本原则以及立法宗旨的限制。

（二）统一性原则

法律体系应当具有内在的和谐和统一性，即上下位法之间、同一位阶的各个法律之间，不应互相矛盾。在这种统一性的要求下，法律解释活动要在整体把握法律体系的基础上对具体条文进行解释，所作的法律解释要与法律体系的其他部分和整体相匹配、不矛盾，另外，法律解释的程序和技术也要统一。

（三）合理性原则

法律解释活动不仅要合法，而且还要合理。合理在此是指合乎情理、公理、道理。坚持合理性原则，要求法律解释活动要符合社会现实和公平正义的理念，符合公众的道德观念和良好风俗，符合客观规律和社会发展趋势，符合党和国家的政策。

（四）连续性原则

法律解释的连续性原则要求它具有历史、现实和未来发展的多向度综合考量。任何法律法规都有自己制定时的特殊历史背景和历史原因，包括当时的社会经济发展需要、政治关系、某一历史事件等。法律解释需要结合法律制定时的历史背景，深入了解立法意图，把握立法原意。同时又要对当前社会在经济、政治、文化和社会结构上的变化和需求有清醒的认识，找出并分析需要解释的条文与社会现实的关系；还要对未来社会发展的趋势作出正确的判断，通过法律解释推动社会良性发展。从操作意义上来讲，这一原则是最难把握的一条原则，它的实现，要求法律解释主体具有很高的法学素养、道德意识乃至政治智慧。

四、法律解释的方法

法律解释的方法主要有下述数种：

【课后练习与测试】

【拓展阅读】人大对香港释法

【拓展阅读】人大关于《香港基本法》104条解释的说明

（一）文理解释

文理解释，又称语法解释或文义解释，即依照文法规则分析法律的语法结构、文字排列和标点符号等，以便准确理解法律条文的基本含义。法律解释必须以法律条文为依据，这是法制的必然要求，实践中经常采用这种解释方法。实践证明，文理解释方法对正确统一理解和适用法律具有重要意义。采用文理解释方法时，应注意以下几个问题：①专门用语应按其特定内涵作出解释。法律条文中的专门术语，应以专业、行业中的专门意义解释，不能按通常含义来理解。如法律中常用的"善意""恶意"是指知情与不知情而言，不是通常道德上所说的善恶。②法律用语应以一般含义来理解。所谓一般含义，就是指公认的约定俗成的含义。法律解释除专门用语按特定含义解释外，其他则应按一般含义来理解。同时，解释所用的文字应该明确、具体，切忌晦涩难懂。③应注意法律用语的上下连贯性。法律文字特别是概括性文字，不能孤立地去理解，应将它们的色彩和内容还原于上下文语境之中。因此，解释法律用语时必须彼此照应，不能断章取义。另外，相同法律用语在整个法律文件中应作同一理解，不能因出现在不同条款中而作不同解释，除非有充分理由证实其另有含义。

（二）系统解释

系统解释是指从某一法律规范与其他法律规范的联系，以及它在整个法律体系或某一法律部门中的地位与作用，同时联系其他规范来说明规范的内容和含义。在作系统解释时，首先应综合考虑条文之间的相互关系。其次，应当考虑法律条文在情事上的同类性或一致性。最后，应当运用法条竞合规则解决可能出现的法条之间的矛盾。

（三）历史解释

历史解释是指对某一法律规范的产生、修改或废止时的经济、政治、文化、社会的历史条件作出说明，同时将新的法律规范与以往同类法律进行对照、比较，以阐明法律的意义。在进行历史解释时，应注意深入研究有关立法的历史资料，或对新旧法律进行对比以了解法律的含义。有关立法的历史资料包括：关于制定法律的提案说明，关于审议法律草案的说明，关于讨论、通过法律草案的记录和其他有关文献等。

（四）目的解释

目的解释是指联系法律的目的对法律进行解释。这里的目的，不限于当初立法时要达到的目的，还包括某一法律在现时条件下所要实现的目的。另外，法律的目的，既可以指整部法律的目的，也可以指个别法条、个别制度的目的。许多规范性法律文件的第一条往往写明了该法的立法目的，这是一种明示的法律目的；有些法律目的以宪法原则或基本法律原则的形式表现出来，这是一种体系化的法律目的或法律价值。为了确定法律的目的或者发展法律的目的，解释者需要考虑比法律条文本身更广泛的因素。相对于其他几种解释方法，目的解释赋予解释者更大的自由解释空间。

上述几种解释方法，有时是单独使用的，有时是综合使用的，但在一些有争议的法律问题上，解释者往往同时使用多种方法。

第二节　法律推理

一、法律推理的概念

推理通常是指人们逻辑思维的一种活动，即从一个或几个已知的判断（前提）得出一个未知的判断（结论）。这种思维活动在法律领域中的运用就泛称为法律推理，它大体上是对法律命题运用一般逻辑推理的过程。因此，法律推理就是人们从一个或几个已知的前提（法律事实、法律规范、法律原则、法律概念、判例等法律资料）推理得出某种法律结论的思维过程。法律推理主要是法律适用中的一种思维活动。它涉及对抽象的法律规范的理解、选择，更重要的是它还将这种抽象规范运用到具体的案件之中。它可能是一系列法律推理和论证活动的总和，这种逻辑思维具有复杂性。总之，法律推理在法律适用过程中是一个不可缺少的组成部分。没有法律推理，就没有法律适用。

二、法律推理的种类

法律推理一般包括两种形式，即形式推理和实质推理。

（一）形式推理

形式推理，又称分析推理，是指运用演绎推理或归纳推理决定案件的方法，因此，形式推理包括演绎推理和归纳推理两种形式。

演绎推理是根据一般性的知识，推出关于特殊性的知识。演绎推理是从一般到个别的推理，主要表现为三段论推理。以制定法为主要法律渊源的国家，在适用法律的过程中应用的形式推理主要就是这种推理方式，即法院有可以适用的法律规则或原则（大前提），有通过审理确定的、可以归入该规则或原则的案件事实（小前提），由此法院可以得出判决（结论）。演绎推理的关键在于"明确大小前提，并在二者之间建立恰当的关系"。在演绎推理中，如何决定被定义或被划分的案件的类型或种类，如何判定被阐明的规则，如何判断某一案件是属于此类还是属于另一类案件（即查明、评价事实），是一项困难的任务。归纳推理是从个别到一般的推理，即法院从一系列先前的法院判决或法律规范中归纳出可以适用于当前案件的规则或原则，在此基础上运用演绎法作出判决。在法律适用过程中运用归纳推理的典型是判例法制度。在这种制度下，法官受理案件，要将本案事实与以前类似案件的事实加以比较（区别），从这些事实中归纳出一个比较抽象的法律原则或法律规则。

无论演绎推理还是归纳推理，这两种形式推理都需要满足若干条件：①作为法律推理的大前提和小前提必须是明确的；②无论是大前提之间还是小前提之间，抑或大前提和小前提之间，均没有矛盾的命题；③法律体系完备，没有空缺。但实际情况却表明，法律不可能是完备无缺的。法官经常遇到没有现成法律规定或可以归纳出规则来调整的新奇案件，或者遇到同时有两个或两个以上相互矛盾的法律规定来调整的棘手案件。在这两种案件中，形式推理便无法满足要求，这就需要进行实质推理。

（二）实质推理

实质推理又称辩证推理，是指侧重对法律规范或案件事实的实质内容进行价值评价或者在相互冲突的命题之间进行选择的推理。亚里士多德将这种推理方式称为辩证推理和辩证逻辑，也有人称为非分析逻辑、结果逻辑。实质推理是对法律规定和案件事实的实质内容进行价值评价的推理。在我国法律实践中，法律适用过程中的实质推理形式主要是司法机关对法律的精神进行解释，以及根据国家的政策和法律的一般原则来作出判断。实质推理主要适用于以下四种情况：①法律规定本身意义模糊；②存在法律漏洞；③同一位阶的法律之间出现抵触；④某些法律规定明显落后于社会发展，以

【拓展阅读】
形式推理
的局限性

【拓展阅读】
实质推理与
辩证逻辑

致出现"合理与合法"的冲突。

三、法律的类推

类推，又称"类推适用""比照适用"，是指法律适用机关在处理具体案件或问题时，援引最相类似或基本类同的法律规定，以解决疑难问题的推理。一般认为，类推属于实质推理的一种形式，但是，类推从外在形式上，也符合形式推理的原理。类推在法律适用过程中的公式大体上是：一个规则适用于甲案件，乙案件在实质上与甲案件类似，因此，这个规则也可以适用于乙案件。其基本逻辑形式也符合下述推理规则：

M 是 P；且 S 与 M 类似；那么 S 是 P。

类推主要表现为"类似案件类似处理"，在英美法系的传统中，其制度的范例是"遵循先例"。类比推理在任何类型的国家中都不可避免，因为社会经济、政治、文化的不断发展，社会关系的纷繁复杂，任何国家的法律都不可能对各种案件的处理包罗无遗，总会遇到法律没有明文规定或没有相应规定的情况。类推实际上是对现行法所采取的一种弥补措施，具有补充法律的意义，或者说是基于法律意识而作的一种法律解释。其目的就是更好地利用法律手段，调整社会关系，解决有关的问题。近代以来，在刑法上由于有"罪刑法定"的原则，因此类推一般不适用于刑事案件。

四、法律推理的基本原则

按照现代法律观念和现代法治的基本要求，法律推理应当以保护公民权利为基本原则，以这种价值为基础的推理，称之为权利推理。在这一原则指导下，法律推理活动不应为公民增加法律所未规定的义务，而只能为公民扩充法律上所未规定的权利和自由。具体说来，权利原则下的法律推理应当符合以下几种要求：

1. 法律推理要致力于发现和扩充权利。法律推理应当根据社会经济、政治和文化发展水平，依照法律的精神、法律逻辑和法律经验来发现、确认权利。例如，美国《宪法》第 9 条修正案规定：不得因本宪法的某些权利，而认为凡由人民所保留的其他权利可以被取消或抹杀。这表明，法律明示的权利是不完全的，除了法定权利之外，还有其他将有、应有的权利。因此，法律推理要以保护公民权利为目的，善于发现法律精神和法律原则中肯定会包容的权利。

【拓展阅读】阎佳、张立伟，"法律推理中的人权原则"

2. 在私法领域，法律推理要实行自由推定——法不禁止即自由。在公民权利的领域，凡是法律没有禁止的，就是允许的；只要没有违反法律的禁止性规定，就有权按照自己的意志进行活动。当然，有时候虽然法律没有禁止某种行为，但这种行为有违社会公德，这种情况不属于违法的问题，而更多地属于妥当性的问题。

3. 法律推理应体现保护社会弱者的原则。依据权利推理的原则和方法，在立法中，国家或者是制定专门的法律、法规，或者在宪法、行政法、民法、刑法、诉讼法等基本法律中列出一些条文，对社会弱者实行特殊的权利保护；在法律适用中，如在行政诉讼案件中，应实行举证责任倒置，即将本应由原告（公民或法人）承担的举证责任转由被告承担，迫使强者（政府）承担举证责任来证明自己行为的合法性，以有效地保护弱者（行政相对人）的合法利益。

4. 在刑法和刑事诉讼活动中，法律推理应当采取无罪推定。无罪推定是指被控犯罪的人在未被依法确定有罪之前，应当视为无罪的人。无罪推定是现代刑事诉讼关心人权的具体表现。

【拓展阅读】
阿列克西，"权利、法律推理和理性言说"

【课后练习与测试】

第九章　法律责任

📙 **本章知识结构图**

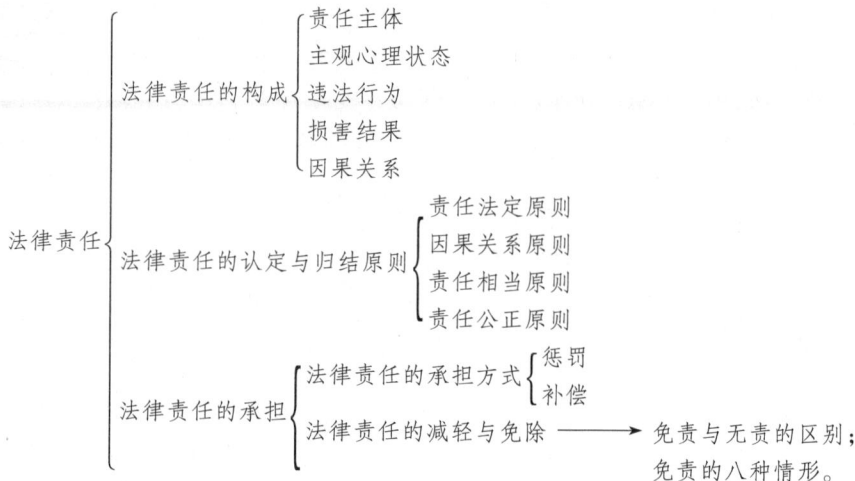

法律责任
├─ 法律责任的构成
│   ├─ 责任主体
│   ├─ 主观心理状态
│   ├─ 违法行为
│   ├─ 损害结果
│   └─ 因果关系
├─ 法律责任的认定与归结原则
│   ├─ 责任法定原则
│   ├─ 因果关系原则
│   ├─ 责任相当原则
│   └─ 责任公正原则
└─ 法律责任的承担
     ├─ 法律责任的承担方式
     │   ├─ 惩罚
     │   └─ 补偿
     └─ 法律责任的减轻与免除 ——→ 免责与无责的区别；
                               免责的八种情形。

📙 **本章重点内容讲解**

在本章，法律责任的构成要件是重点内容。法律责任的五个构成要件，是分析民法、刑法等部门法中违法行为和法律责任的基础。要注意区分法律上的免责与无责，并在此区分的基础上理解免责的八种情形。

第一节　法律责任概述

一、法律责任的概念

法律责任是由于责任主体违反法定或约定的义务而必须承担的具有直接强制性的特定义务。因此，法律责任是一种特定的法律义务。由于法律责任往往是由特定法律事实所引起的对损害予以赔偿、补偿或接受惩罚的特殊义务，因此，作为法律义务的法律责任，往往就是由于违反第一性义务而引起的第二性义务。

【拓展阅读】
"责任"的涵义以及法律责任的特征

　　法律在社会生活中的落实，很大程度上就是靠法律责任的设定来实现的。因此，如何认定和追究法律责任，就是一个很重要的问题，它需要考虑各种因素，而这各种因素，就是法律责任的构成要件。

二、法律责任的构成

　　法律责任的构成是指认定法律责任时所必须考虑的条件和因素。由于违法行为和违约行为是产生法律责任的最主要、最基本的原因和根据，是认定和归结法律责任的前提，因此，根据构成违法行为或违约行为的要素，法律责任的构成就是责任主体、主观心理状态、违法行为或违约行为、损害结果、因果关系等五方面。

　　（一）责任主体

　　责任主体是指因违法、违约或违反法律规定的事由而承担法律责任的人，包括自然人、法人和其他社会组织。责任主体是法律责任构成的必备条件。违法、违约首先是一种行为，没有行为就没有违法或违约，而行为是由人的意志支配的活动，因此，实施违法或违约必须有行为人。但是，并非任何人都可以成为违法行为或违约行为的实施者，没有行为能力的人就不可能成为实施违法行为或违约行为的人。因此，责任主体对于法律责任的有无、种类、大小有着密切的关系。

　　（二）主观心理状态

　　主观心理状态是指行为人实施违法行为或违约行为时的心理状态，又称主观过错。现代社会将主观过错作为法律责任构成的要件之一，不同的主观心理状态对认定某一行为是否有责及承担何种法律责任有着直接的联系。在刑法上，主观过错作为犯罪的主观要件，是犯罪构成的必要条件之一，对于认定和衡量刑事法律责任（即区分罪与非罪、此罪与彼罪、一罪与数罪、重罪与轻罪）具有重要作用。在民事法律责任方面，一般也要考虑主观过错，采用过错责任原则。主观过错包括故意和过失两类。故意是明知自己的行为会发生危害社会的结果，而希望或者放任这种结果发生的心理状态。过失是指应当预见自己的行为可能发生损害他人、危害社会的结果，因为疏忽大意而没有预见，或者已经预见而轻信能够避免，以致发生这种结果的心理状态。

【拓展阅读】
责任能力与
年龄的关系

【拓展案例】
挖笋伤人案

（三）违法行为或违约行为

违法行为或违约行为在法律责任的构成中居于重要地位，是法律责任的核心构成要素。违法行为或违约行为包括作为和不作为两类。作为是指人的积极的身体活动。直接做了法律所禁止或合同所不允许的事自然要导致法律责任。不作为是指人的消极的身体活动，行为人在能够履行自己应尽义务的情况下不履行该义务，例如，不做法律规定应做的事或不做合同中约定的事，也要承担法律责任。区分作为与不作为，对于确定法律责任的范围、大小具有重要意义。

（四）损害结果

损害结果是指违法行为或违约行为侵犯他人或社会的权利和利益所造成的损失和伤害，包括实际损害、丧失所得利益及预期可得利益。损害结果可以是对人身的损害、财产的损害、精神的损害，也可以是其他方面的损害。损害结果表明法律所保护的合法权益遭受了侵害，因而具有侵害性。同时，损害结果具有确定性，它是违法行为或违约行为已经实际造成的侵害事实，而不是推测的、臆想的、虚构的、尚未发生的情况。损害结果的确定性，表明损害事实在客观上能够认定。认定损害结果时一般根据法律、社会普遍认识、公平观念并结合社会影响、环境等因素进行。这里要注意的是，有些责任的承担不以实际损害的存在为条件，比如，危害国家安全罪，即使没有对国家安全造成实际损害，也要承担刑事责任。

（五）因果关系

因果关系是违法行为或违约行为与损害结果之间的必然联系。因果关系是一种引起与被引起的关系，若一种现象的出现是由先前存在的另一种现象引起的，则这两种现象之间就具有因果关系。因果关系是归责的基础和前提，是认定法律责任的基本依据。因果关系对于确定行为主体、认定责任主体、决定责任范围具有重要意义。法律责任上的因果关系是一种特殊的因果关系，它既具有一般因果关系的共性，又有其特殊性。因果关系是客观的，不以人的意志为转移，我们只能根据事物之间的客观联系来判断因果关系的有无。事实上的因果关系极为复杂，一个结果可能由多个原因造成，法律只考虑其中与法律责任认定有关的因素。因果关系是法律规定的因果关系，具有法定性。

【课后练习与测试】

第二节　法律责任的认定与归结

一、法律责任的认定与归结的概念

法律责任的认定与归结是国家机关或其授权的组织依照法定职权和程序对因违法行为、违约行为引起的法律责任，进行判断、认定、追究、归结以及减缓和免除的活动。责任是归责的结果，但归责并不一定导致责任的产生。不同的法律责任具有不同的构成要件。责任的成立与否，取决于行为人的行为及其后果是否符合责任的构成要件。

二、法律责任的认定与归结的原则

认定和归结法律责任必须遵循一定的原则。归责原则在不同历史时期、不同国家存在差别。根据现代法律的精神和我国法律的规定，适用法律来认定和归结法律责任一般应遵循以下原则：

（一）责任法定原则

责任法定原则的对立面是责任擅断、非法责罚，这一原则强调"罪刑法定主义""法无明文规定不为罪""法无明文规定不处罚"。责任法定原则是现代法治原则在归责问题上的具体运用，其基本要求是：作为一种否定性法律后果，法律责任的种类由法律预先规定；法律责任的性质、范围、程度、期限、方式等由法律预先规定；法律责任的追究主体、承担主体也须由法律预先规定。

因此，遵循责任法定原则，就意味着要排除责任擅断。首先，任何机关或个人都不得在法律的明文规定之外随意创设法律责任，或者随机加重或减轻法律责任。其次，它要排除"非法责罚"。最后，它要排除有害追溯，即贯彻通常所说的"法不溯及既往"原则。

【课后练习与测试】

【拓展案例】帕尔斯格拉夫诉讼铁路公司案（Palsgraf v Long Island R Co）

（二）因果关系原则

因果关系原则包括两个方面：一是行为与损害结果之间的因果联系，即特定的物质性或非物质性损害结果（包括既成的结果和即成的结果）是不是由该行为引起的。二是心理活动和行为之间的因果联系，即违法者的行为是不是其思想支配肉体的结果。在这两个方面中，第一个方面是决定性的方面，是认定与归结法律责任的主

要方面。

另外，在认定行为人违法责任之前，还应当区分这种因果联系是必然的还是偶然的，直接的还是间接的。有时还存在一因多果，或一果多因的情况，这也影响到法律责任的归结和追究方式，所以在具体案件中还必须注意区分。

（三）责任相当原则

责任相当原则是指法律责任的大小、法律惩罚的轻重应与违法行为的轻重相适应，做到"罪责均衡""罚当其罪"。其具体内容包括以下几点：①法律责任的性质与违法行为的性质相适应。比如说，应让造成他人轻微伤的人负担民事责任而非刑事责任，因为这种违法行为较轻。②法律责任的种类和轻重应与违法行为的具体情节相适应，因为不同的情节反映了不同的社会危害程度。③法律责任的种类和轻重应与行为人的主观恶性相适应。比如说，同样是杀人，故意杀人和过失杀人，就应承担不同的法律责任。

（四）责任公正原则

责任公正原则是一个综合性的原则，它至少包含如下几个具体原则：①有责必究原则，即任何人的任何违法或违约行为都应受到追究。②责任平等原则，即同样的违法或违约行为应适用同样的法律责任，在认定和归结法律责任时不应考虑行为者的身份。③责任自负原则，即既要保证责任人受到法律追究，也要保证无责任者不受法律追究，做到不枉不纵。在以"身份"联系为特征的古代社会，每个人都因其身份而与家庭、家族和社会密切相联，所以在认定和归结法律责任时盛行株连制，往往一人犯法，祸及家庭、家族，甚至朋友、邻居、同事、部下。但责任自负原则是现代法治的一般原则。

第三节　法律责任的承担

一、法律责任的承担与法律责任的实现

国家机关依法认定责任主体的法律责任之后，责任主体就应当承担法律责任。法律责任的承担是责任主体主动或被动地履行应负的法律责任，从而使法律责任得以实现。因此，当法律责任由责任主体主动履行或国家强制执行完毕时，法律责任就得以实现了。

二、法律责任的承担方式

法律责任的承担主要通过惩罚和补偿两种方式实现。区分惩罚与补偿两种责任方式具有重要意义。它揭示了公法和私法上的两种责任方式的差异，从而有助于我们深刻了解公法和私法各自的性质和功能，对于提高司法活动适用法律的准确性，实现私法自治，具有实际的意义。

（一）惩罚

惩罚是指以剥夺或限制责任主体的人身自由、财产利益和其他利益为内容的责任承担方式。惩罚（制裁）包括刑事制裁、行政制裁、民事制裁和违宪制裁四种。

刑事制裁是指依照刑事法律规定对犯罪人所实施的惩罚性措施，即刑罚制裁。在我国刑事制裁包括自由刑、生命刑、资格刑和财产刑。具体分为管制、拘役、有期徒刑、无期徒刑、死刑以及若干附加刑。它是一种最严厉的法律制裁。

行政制裁是指依照行政法律规定对责任人所实施的惩罚性措施，它主要包括行政处罚、行政处分。行政处罚是指对违反行政法的责任主体给予的警告、罚款、没收、行政拘留等惩罚性措施；行政处分是指对于违法失职的公务员或其他所属人员所实施的惩罚性措施，包括警告、记过、降级、留用察看等惩罚性措施。

民事制裁是指依照民事法律规定对责任人所实施的惩罚性措施，通常是指支付赔偿金或违约金，即一方侵权或违约后，不管是否造成对方的损害都应当支付给对方一定金额的赔偿金或违约金。它对于责任人（即侵权方或违约方）具有惩罚性。

违宪制裁是指对违反宪法的责任主体所实施的法律制裁。这种制裁，针对的主要是国家机关及其工作人员，其方式主要有：撤销同宪法相抵触的法律法规，罢免国家机关领导人员等。

（二）补偿

补偿是指以责任主体的某种作为或不作为形式弥补或赔偿损失的责任承担方式。在我国，补偿主要包括民事补偿和国家赔偿两类。

民事补偿是指依照民事法律规定要求责任人承担的弥补、赔偿等责任方式。民事责任以补偿为主，它包括停止侵害、排除妨碍、消除危险、返还财产、恢复原状、赔偿损失、消除影响、恢复名誉、修理、重作、更换等。

【扩展阅读】
呼格案获
国家赔偿

国家赔偿包括行政赔偿和司法赔偿。行政赔偿是国家因行政主体及其工作人员行使职权造成相对人受到损害，而给予受害人赔偿的一种责任方式。司法赔偿是国家因司法机关及其工作人员行使职权造成当事人受到损害，而给予受害人赔偿的一种责任方式，包括刑事赔偿和非刑事司法赔偿。

三、法律责任的减轻与免除

（一）免责与无责任的区别

免责以法律责任的存在为前提，是指虽然违法者事实上违反了法律，并且具备承担法律责任的条件，但由于法律规定的某些主观或客观条件，可以被部分或全部地免除（即不实际承担）法律责任。"无责任"或"不负责任"则是指虽然行为人事实上或形式上违反了法律，但因其不具备法律上应负责任的条件，故没有（即不承担）法律责任，例如，未达法定责任年龄、精神失常、正当防卫、紧急避险等行为，都属于不负法律责任的行为。

（二）免责的各种情形

根据我国和世界各国的法律规定和法律实践，免责的条件和情况是多种多样的，其中主要有如下数种情形可以免除法律上的责任：

1. 时效免责。时效免责是指违法行为发生一定期限后，国家不再追究违法者的法律责任。如我国《刑法》第 87 条规定，法定最高刑为无期徒刑、死刑的，追诉时效的期限为 20 年。我国《民事诉讼法》对诉讼时效的规定，也属于时效免责的情形。

2. 不诉免责。不诉免责是指对于那些"不告不理"的违法行为，当受害人或利害关系人不提出控告或起诉时，国家不追究和认定违法者的法律责任。在我国，绝大多数民事违法行为和某些"告诉才处理"的刑事违法行为，都实行"不告不理"原则，也就是实行不诉免责制度。这时候，受害人对自己法律上的权利具有处分的自由。

3. 自首、立功免责。自首、立功免责是指对违法之后自动投案或有立功表现的人，免除其全部或部分法律责任。例如，我国《刑法》第 67 条第 1 款规定："……对于自首的犯罪分子，可以从轻或者减轻处罚。其中，犯罪较轻的，可以免除处罚。"因此，此种免责一般只适用于刑事法律领域。

4. 补救免责。补救免责是指责任人或者其他人在国家机关追究其责任之前，对于行为引起的损害采取有效补救措施，受害人愿意放弃追究责任时，可以免除部分或全部责任。此种免责，一般不适用于刑事法律领域，而只适用于民法等私法领域。

5. 协议免责。协议免责是指基于双方当事人在法律允许的范围内的协商同意的免责，即所谓的"私了"。这种免责一般不适用于犯罪行为和行政违法行为（即"公法"领域的违法行为），仅适用于民事违法行为（即"私法"领域）。

6. 自助免责。自助免责是指对自助行为所引起的法律责任的减轻或免除。所谓自助行为是指权利人为保护自己的权利，在情势紧迫而又不能及时请求国家机关予以救助的情况下，对他人的财产或自由施加扣押、拘束或其他相应措施，而为法律或社会公共道德所认可的行为。自助行为的性质属于私力救济，与紧急避险、正当防卫的性质是相同的。自助行为作为正当化事由的根据即在于其是权利人对自己合法权利的自我保护，是对国家权力在维护社会秩序和公民个人权利不及时的情况下的有效补充。比如，假设甲的包落在了甲的汽车后座上，甲下楼去取时，发现一小哥撬坏了汽车门正拿了包要走，这时甲扑上去擒住了这个小偷，并把他死死地绑在了旁边的歪脖子树上，然后上楼打电话报警……这时甲对小偷的人身控制就是免责的。

7. 人道主义免责。人道主义免责主要适用于财产责任。由于财产责任的承担是以责任主体的财产数额为基础的，当责任主体没有能力履行全部或部分财产责任的情况下，有关的国家机关或权利主体可以出于人道主义考虑免除或部分免除责任主体的财产责任。人道主义免责往往发生在损害赔偿的民事案件中。比如说，人民法院在确定赔偿责任的范围和数额时，应当考虑责任主体的财产状况、借贷能力等，适当减轻或免除赔偿责任，而不应使责任主体及其家庭因赔偿损失而处于无家可归、不能维持生计的状态。此种免责，体现了生存权高于财产权的现代人权原理。

8. 赦免。这是指国家依法免除或减轻责任主体的罪责或刑罚的制度。赦免分为大赦和特赦。大赦适用范围广泛，可以免除刑罚的执行，也可以免除刑事追诉，即同时消除刑和罪，被赦免之罪不能作为刑事前科和累犯的理由。特赦范围小，仅免除特定人的刑，不免其罪。赦免能调解社会矛盾，有时是政治博弈的结果，需考虑社会和人文因素。在现代各国，赦免权的行使主体一般都是国家元首或最高国家权力机关。

【拓展阅读】
一文读懂习近平主席签署的特赦令

第十章 中国社会主义立法和法律体系

本章知识结构图

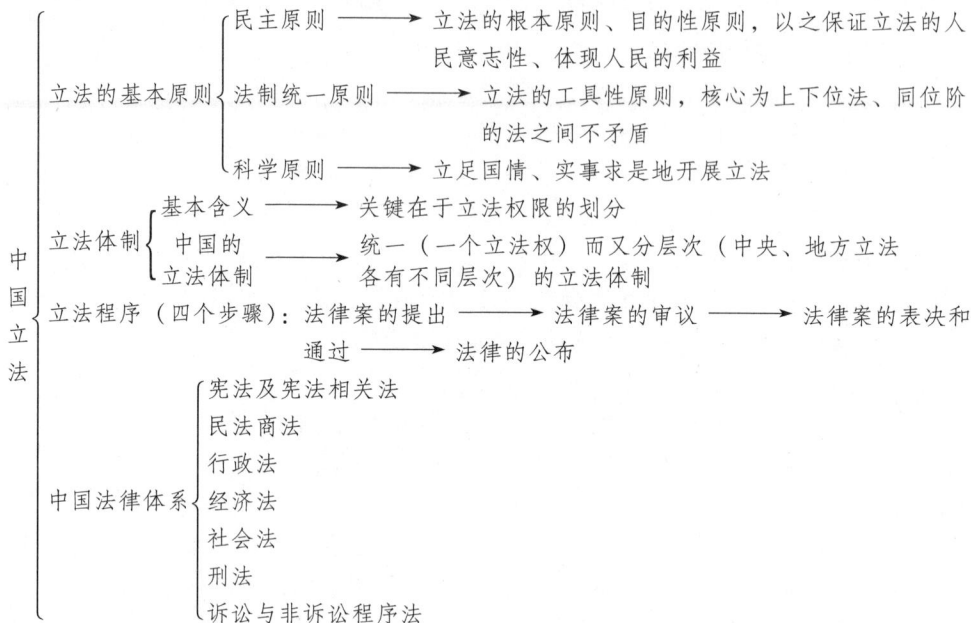

```
                  ┌ 民主原则 ──────→ 立法的根本原则、目的性原则，以之保证立法的人
                  │                   民意志性、体现人民的利益
      立法的基本原则┤ 法制统一原则 ──→ 立法的工具性原则，核心为上下位法、同位阶
                  │                   的法之间不矛盾
                  └ 科学原则 ──────→ 立足国情、实事求是地开展立法

              ┌ 基本含义 ──────→ 关键在于立法权限的划分
中     立法体制┤ 中国的
国            └ 立法体制 ──────→ 统一（一个立法权）而又分层次（中央、地方立法
立                                各有不同层次）的立法体制
法
      立法程序（四个步骤）：法律案的提出 ──────→ 法律案的审议 ──────→ 法律案的表决和
                          通过 ──────→ 法律的公布

              ┌ 宪法及宪法相关法
              │ 民法商法
              │ 行政法
      中国法律体系┤ 经济法
              │ 社会法
              │ 刑法
              └ 诉讼与非诉讼程序法
```

本章重点内容讲解

本章重点内容为立法的几个基本原则的概念及其含义。立法体制、立法程序的四个步骤作一般了解即可。掌握法律体系的概念，以及中国法律体系的七个主要构成部门。

第一节 中国社会主义立法的指导思想和基本原则

立法指导思想是用以指导立法实践的带有根本性、全局性和规律性的理性认识。立法原则则是指在立法活动中所要遵循的主要准则。立法原则和立法指导思想既有联系，又有区别。立法指导思想是立法原则确立的依据；立法原则是立法指导思想的具体体现。立法的指导思想解决的是立法的性质和方向问题，比如，是要立社会主义性质的法，还是要立资本主义性质的法；是以经济建设为中心立法，还是以阶级斗争为纲来立法等。而立法原则是立法行为的操作准则，既具有一定的概括性、标准性，又具有一定的操作性。现阶段，我国立法的指导思想是以建设有中国特色的社会主义理论和党的基本路线为指导，为实现社会主义现代化建设服务。因此，我国立法的基本原则就是要将这一指导思想具体地落实到立法过程中去。为此，我们认为，当代中国在立法中必须坚持和贯彻以下几项基本原则：

一、民主原则

民主原则，即立法应当体现人民的意志，发扬社会主义民主，保障人民通过多种途径参与立法活动。简而言之，就是立法应该充分表达人民的意志和利益，这是中国立法必须坚持的首要的基本的原则。立法中的民主性原则应该包括两个方面：一是立法内容的民主性；二是立法程序的民主性。立法内容的民主性是由我国社会主义的性质决定的。立法程序的民主性，首先要求立法主体的组成要民主，其次是立法主体的活动要民主，最后是立法过程要公开。具体说来，立法的民主原则要求：

1. 立法必须在人民主权的基础上进行，以保障一切权力属于人民，人民当家作主，人民的共同意志和利益高于一切。这一要求是由中国社会主义社会的特质所决定的。

2. 立法应当符合民主程序，使直接参与立法工作的人民代表真正有机会表达民意，形成符合人民意志和实际情况的国家意志；使立法依法进行，避免立法随领导人的认识和注意力的改变而改变。

3. 立法工作必须坚持群众路线。这要求立法机关要为人民群众提供各种途径，便于其参与立法。所谓"开门立法"的说法，说的即是这个群众路线。具体而言，就是采用公开征求立法建议、立法听证等方式，使民主立法延伸到最起始阶段，让民众的意志从立法的最初就得到体现，从而提高立法的透明度，拓宽人民群众参与立法的渠道，使立法更好地集中民智、体现民意、符合民心。

4. 立法应当公开。立法公开是立法民主的应有之意，立法公开既包括立法程序的公开，也包括立法资料和结果的公开。比如说，在立法过程中，立法机关应当及时报道法律草案的辩论活动，及时公布法律草案，公布审、改的各种观点，让人民了解情况，以便人民发表意见。立法公开可以吸引立法主体以外的其他机关、单位、组织、社会团体和广大人民群众参与立法活动，体现我党走群众路线的方针。从目前来看，权力机关的立法过程公开化已经积累了不少经验，而行政机关的立法活动公开化却重视得不够。

二、法制统一原则

社会主义法制的统一，是维护国家统一、政治安定、社会稳定、促进经济协调发展和社会全面进步的基础，是形成和维护国内统一市场、完善社会主义市场经济体制的重要保障。法制的统一，要以宪法为最高法律、为立法的根本依据。我国现行《宪法》第5条第3款规定："一切法律、行政法规和地方性法规都不得同宪法相抵触。"这就是说，一切立法都必须以宪法为根据，而且各种法律、法规和规章之间要和谐统一，不能相互矛盾和冲突，这是立法的一项重要原则。具体说来，法制统一原则要求必须做到以下几点：

1. 坚持中国特色社会主义法律体系的完整和统一。如今，我们已经宣告建成了具有中国特色的社会主义法律体系，这就是说，中国的法律体系虽然从构成上来看门类不同、层次较为复杂，但都属于这个统一的法律体系的内容。因此，法律、行政法规、地方性法规和规章都是国家统一的法律体系的重要组成部分。另外，在一国两制的政治架构之下，立法机关在制定法律时固然应当考虑地区性的社会制度差异，但更应该首先将维护国家法制统一作为最高目标。

2. 坚持依照法定权限、遵循法定程序立法，不得超越法定权限、违反法定程序立法。我国的《立法法》对于完善立法程序，使立法程序制度化、法律化具有重要的意义。贯彻实施《立法法》，真正实现《立法法》关于立法权限和立法程序的规定，是建设社会主义法治国家的必然要求，也是一个国家文明、民主和法制建设发展水平的标志之一。因为科学的立法权限和立法程序的规定，对有效地避免立法的随意性，保证法律的连续性、稳定性和权威性，对于立法质量的提高和法的实际效用的发挥都有着重要的作用。

3. 坚持以宪法为核心和统帅，任何法律、行政法规和地方性法规都不得同宪法相抵触，行政法规不得同法律相抵触，地方性法规不得同法律、行政法规相抵触。说宪法是根本大法，主要就是说宪法具有最高的法律效力，而说宪法具有最高的法律效力，主要也就是说其他位阶较低的法律法规不得与宪法的具体规定、根本宗旨和精神相抵触。另外，下位法不得与上位法相抵触也是现代法治的一项基本要求。

4. 在制定各类法律规范时，要从国家的整体利益出发，从人民的长远、根本利益出发，防止只从地方、部门利益出发的倾向，防止各自为政。由于我国地域广大，各地方情况差异甚大，立法工作起步较晚，因此虽然有了立法法，但仍然存在不少基于地方利益和部门利益考虑的立法，尤其是在地方性法规规章和行政部门规章中。因此，应该充分重视立法程序的研究，努力完善我国的立法程序，使之能够进一步科学地规范地方立法和部门立法，以保证各类法律法规能够体现人民的长远利益、根本利益。

5. 要依法、及时、有效地开展法规清理和法规的备案审查活动。这是保障法制统一的一项重要活动。为保障宪法的实施，我国实行一元二级多层次的立法体制，国务院及其各部委、地方的行政法规或规章、地方性法规、自治条例等都有明确的备案、审批制度，其目的仍在于我国各种形式的立法活动和立法内容都不得与宪法相冲突。因此，有权的立法机构应该充分行使这种权力，及时有效地清理、审查、备案、批准相关的法律文件。

【拓展阅读】
重庆：地方性法规清理新动向

三、科学原则

科学性要求严格地经由实证调查搞清楚真实的情况，进而再据之制定相关的符合实际情况的法律法规。另外，科学性还要求法律法规的制定过程要经过充分的论证，要求法律法规的表达采用科学的语言、科学的结构等。在这一方面，我们可以借鉴国外的相关成功经验，保障立法从实际出发，实事求是，尽可能地使主观意志和观念符合客观实际，符合客观规律。具体说来，立法的科学性原则要求：

1. 立法应当坚持从一国的基本国情出发，从经济、政治、文化和社会发展的实际情况出发，这是科学立法的前提和基础。马克思说过："立法者应该把自己当作自然科学家。他不是在创造法律，不是在发明法律，而仅仅是在表述法律，他把精神关系的内在规律

表现在有意识的现行法律之中。"即是说，立法者最根本的工作是要研究规律，认识规律，尊重规律，并且善于利用规律，而不能把主观愿望和想象作为立法的根据。法律脱离了实际，只能是一纸空文。

2. 法律应当根据实际情况的变化及时进行立、改、废，与社会发展保持一致。应该说，自改革开放以来，中国的立法活动在与社会发展保持一致方面具有很大的进步，因此，尊重并正确反映了客观实际和社会的政治、经济、文化发展规律。

3. 权利与义务及其界限的确定必须明确合理，权利与义务不能失衡。现代法治的根本精神是保障人民的基本权利，但保障和实现权利又要以合理的义务规定为基础。因此，科学的立法必须权利义务并重，不能只讲权利而忽视义务，更不能只讲义务而忽视权利。

另外，社会主义国家的立法要吸收和借鉴历史上和国际上一切对人民有用的、合理的经验和规定，这无论从理论上还是实践上都应该是肯定的。现代科学表明，所有的法律尽管在不同社会制度下有一些不同的特点，如阶级本质不同，但它运行的基本规律，如价值规律、供求规律是相同的，竞争机制、资源配置原则也是相同的。因此，在立法时完全可以合理地吸收和借鉴资本主义国家反映市场经济一般规律的成功经验和做法，注意与国际上有关的法律和国际惯例相衔接，这才是科学的立法态度。当然，在此基础上关注中国的国情和实际情况，也是科学立法的题中应有之意。

【拓展阅读】
中国国情与社会主义法治建设（信春鹰）

第二节　中国的立法体制

一、立法体制的含义

立法体制，主要是指立法权限划分的制度，涉及哪些国家机关具有什么性质、多大范围的立法权限，以及享有不同性质、不同范围立法权限的各国家机关之间是一种什么样的相互关系。立法权限划分主要包括两个方面：中央与地方立法权限的划分，中央各机关之间立法权限的划分。

一个国家立法体制的形成，主要是由该国的国体、政体以及文化传统所决定的，一般来说，国家的政体对于立法体制的形成、影响是非常明显直接的。比如，在单一制政体中，立法体制是一元的，从中央到地方，有着一个统一的宪法和以宪法为核心的上下层级关系清楚、效力等级关系明确的法律体系；而在联邦制的国家中，立法体制是多元的，不仅有联邦宪法和联邦法律，各邦国或州还有一整套属于自己的相应法律。由于立法体制是国家政治法律制度的重要组成部分，各国通常都在宪法中对立法体制加以规定。我们研究立法体制，目的在于了解立法机关的设置及其权限划分，了解法律法规的效力层级，同时也有助于我们比较各国立法体制，以进一步总结我国的立法体制经验，促进国家立法体制的结构与功能优化。

二、中国的立法体制

中国现行的立法体制与中国的国情相适应，是特色甚浓的立法体制。从立法权限划分的角度看，它是中央统一领导和一定程度分权的，多级并存、多类结合的立法权限划分体制。最高国家权力机关及其常设机关统一领导，国务院行使相当大的权力，地方行使一定权力，是其突出的特征。有学者将中国的立法体制总结为"统一而又分层次"的立法体制，在此立法体制下：

1. 最高权力机关全国人民代表大会及其常委会行使国家立法权，修改宪法，制定基本法律和普通法律。

2. 最高行政机关国务院根据宪法和法律制定行政法规。

3. 省、自治区、直辖市、设区的市的人民代表大会及其常委会在不同宪法、法律、行政法规相抵触的情况下，可以制定地方性法规。

4. 除了自治区人民代表大会及其常委会可以制定地方性法规外，民族自治地方，即自治区、自治州、自治县的人民代表大会还有权依照当地民族的政治经济文化特点，制定自治条例和单行条例，对法律、行政法规的规定作出变通规定。

5. 经济特区所在地的省、市的人民代表大会及其常委会根据全国人民代表大会的授权决定，可以制定法规，并在经济特区范围内实施。

6. 国务院各部、委员会、中国人民银行、审计署和具有行政管理职能的直属机构，可以根据法律和国务院的行政法规、决定、命令，在本部门的权限范围内，制定规章。省、自治区、直辖市和设区的市、自治州的人民政府，可以根据法律、行政法规和本省、

【拓展阅读】
中国立法体制发展小史

【拓展阅读】
《立法法》关于立法权限的规定

【课后练习与测试】

自治区、直辖市的地方性法规制定规章。

第三节　中国的立法程序

立法程序是指有关国家机关制定、修改和废止法律和其他规范性文件的步骤和方式。立法程序是通过法律形式确定的程序，只有以法律形式确定的程序才对立法活动具有约束力。立法活动必须按照这个法定的方式和步骤进行，否则就是违法的行为，其制定的法律和规范性文件在法律上应属无效。立法程序对于保证法律的连续性、稳定性和权威性，对于法的质量的提高和法的实际效用的发挥都有重要的作用。限于篇幅，本书仅以全国人民代表大会及其常委会的立法程序为例来介绍立法程序。这一程序主要分为四个阶段：法律案的提出、法律案的审议、法律案的表决和通过、法律的公布。

一、法律案的提出

议案是指提交会议而被列入议程的建议和意见，法律案是议案的一种。法律案不同于一般的立法建议，它是由法定的机关或个人提出并被列入会议议程的关于立法的建议或者意见。提出法律案标志着立法程序的开始。

按照《立法法》的规定，可以向全国人大提出法律案的主体包括两类：一是全国人大主席团、全国人大常委会、国务院、最高人民法院、最高人民检察院、全国人大各专门委员会；二是代表团或者30名以上代表书面联名。在实践中，提请全国人大审议通过的法律案，一般都是先向全国人大常委会提出的，经过常委会审议后（一般至少经过常委会两次以上会议审议），再由常委会决定提请全国人大审议。

可以向全国人大常委会提出法律案的主体包括两类：一是国务院、中央军事委员会、最高人民法院、最高人民检察院和全国人大常委会委员长会议、各专门委员会；二是10名以上常委会组成人员书面联名。

二、法律案的审议

（一）审议制度

审议，即立法机关对于根据已被通过的法律案而拟订的法律草案，按照会议的安排进行审查和讨论等的活动。就我国立法实践来看，一般法律草案的审议要经过三道程序：一是由主席团或委员长会议决定是否将法律草案列入会议议程；二是听取有关法律草案的创制理由、起草经过、指导意见等主要问题的说明；三是全体会议对法律草案的审议和讨论。我国自 2000 年来，全国人大常委会的法律草案审议工作有了新的进展，审议法律草案一般实行三审制，即初审、再审、三审，立法工作日趋审慎、民主、科学。不过，有关法律问题的决定的议案和修改法律的议案，有的一审就可以通过。对一些内容比较单一、分歧又不大的法律草案，也可以二审通过，并不强求机械一致。

（二）统一审议制度

我国《立法法》规定，列入全国人大常委会会议议程的法律案，由法律委员会和有关的专门委员会进行审议。《立法法》第 33 条规定，"列入常务委员会会议议程的法律案，由法律委员会根据常务委员会组成人员、有关的专门委员会的审议意见和各方面提出的意见，对法律案进行统一审议，提出修改情况的汇报或者审议结果报告和法律草案修改稿，对重要的不同意见应当在汇报或者审议结果报告中予以说明。对有关的专门委员会的审议意见没有采纳的，应当向有关的专门委员会反馈"。这种统一审议制度，是适应立法工作日益复杂化、专门化的需要而建立的制度。这对保证立法的科学性具有重要意义。

（三）法律案的撤回和终止

1. 法律案的撤回。《立法法》第 55 条规定："向全国人民代表大会及其常务委员会提出的法律案，在列入会议议程前，提案人有权撤回。"提案人要求撤回的，撤回即刻生效，常委会即不列入议程。如果法律案已经列入议程，提案人要求撤回法律案的，则必须符合以下条件：①提案人撤回法律案必须是在法律案交付表决之前。②如果提案人是常委会组成人员 10 人以上联名，所提出的法律案要求撤回时，必须是原提案人全体或过半数以上提出撤回请求。③提案人撤回法律案要说明理由，经委员长会议同意并向常委会报告后，对该法律案的审议才能终止。

2. 法律案的终止审议。根据《立法法》第 42 条的规定，在常委会一审或二审过程中，如发现法律案尚不成熟或者各方面对制定该法律的必要性、可行性等重大问题尚存在较大意见分歧，可以暂不列入下次常委会会议议程；或者法律案经过常委会三次会议审议后，仍有重大问题需要进一步研究的，可以暂不交付表决，而交法律委员会或有关的专门委员会进一步审议，从而使法律案处于搁置状态。法律案"搁置审议满2年的，或者因暂不付表决经过2年没有再次列入常务委员会会议议程审议的，由委员长会议向常务委员会报告，该法律案终止审议"。

三、法律案的表决和通过

表决法案，是有权的机关和人员对法案表示最终的、具有决定意义的态度。通过法案，指法案经表决获得法定多数的赞成或同意所形成的一种立法结果。我国的法律案表决，遵循多数原则。我国《全国人大组织法》第31条规定，常务委员会审议的法律案和其他议案，由常委会全体组成人员的过半数通过。全国人大全体会议表决议案，则由全体代表的过半数通过。

四、法律的公布

法律的公布，即立法机关或者国家元首就已经通过的法律，为使民众知晓和遵守，而予以公布。这是法律确立的最后环节。获得通过的法律未经公布环节，不能发生法律效力。公布法律的目的在于使一切国家机关和武装力量、各政党和社会团体、各企事业组织以及全体人民知道该项法律，以便遵守和适用。我国由国家主席根据全国人大会议的决定和全国人大常委会的决定签发主席令来公布法律。国家主席签署公布法律，是履行宪法赋予的职责。法律一经全国人大或其常委会通过，国家主席即有义务签署公布，不能拖延也不能拒绝签署公布。公布法律的法定书面形式是在全国人大常委会公报上全文公布，同时，其他新闻媒体也可以转载。已经发布的法律自法律明确规定的日期起产生法律效力，若没有规定何时生效，一般推定该法律自公布之日起生效。

【拓展阅读】
美国总统对
法案的否决权

第四节　当代中国社会主义法律体系

一、法律体系的概念

法律体系是指一个国家的全部法律规范，按照一定的原则和要求，根据不同的法律规范的调整对象和调整方法，划分为若干法律门类，并由这些法律门类及其所包括的不同法律规范形成的有机联系的统一整体。

法律体系的特点有四：①法律体系是一个国家的全部现行有效法律构成的整体。②法律体系是一个由法律部门分类组合而形成的呈体系化的有机整体。③法律体系的理想化要求是门类齐全、结构严密、内在协调。④法律体系是客观法则和主观属性的有机统一。

【课后练习与测试】

二、以宪法为核心的法律体系及其门类

中国特色社会主义法律体系是与我国社会主义初级阶段的基本国情相适应、与社会主义的根本任务相一致的，由门类齐全、结构严谨、内部和谐、体例科学的全部法律、法规所构成的统一整体。我国现行法律体系划分为以下七个主要的法律部门：

（一）宪法及宪法相关法

在当代中国的法律体系中，宪法是根本大法，它规定国家的各种根本制度、基本原则、方针，规定国家机关的组织和活动的基本原则，以及公民的基本权利和义务等，因此，它在当代中国的法律体系中处于中心的、主导的地位。

在宪法这一占主导地位的法律部门中，现行的主要法律规范就是1982年通过的《宪法》，以及1988年、1993年、1999年和2004年分别通过的《中华人民共和国宪法修正案》共31条。除此之外，宪法法律部门还包括如下一些种类的宪法性法律文件和规范：

国家机关组织法：主要有全国人民代表大会组织法、国务院组织法、人民法院组织法、人民检察院组织法、地方各级人民代表大会和地方各级人民政府组织法等。

国家权力机关议事规则及人民代表法：主要有全国人民代表大会议事规则、全国人民代表大会常务委员会议事规则、全国人民代表大会和地方各级人民代表大会代表法等。

选举法：主要有全国人民代表大会和地方各级人民代表大会选举法、人民解放军选举全国人民代表大会和地方各级人民代表大会代表的办法、香港、澳门特别行政区选举人民代表的办法等。

民族区域自治法：主要有民族区域自治法。

基层群众自治制度的法律：如村委会组织法、居委会组织法等。

　　特别行政区基本法：目前主要有香港特别行政区基本法和澳门特别行政区基本法。

　　立法授权法：现主要有全国人大常委会授权广东省、福建省人大及其常委会制定所属经济特区的各项单行经济法规的决议，授权国务院改革工商税制度发布有关税收条例草案试行的决定，全国人大授权国务院在经济体制改革和对外开放方面可以制定暂行的规定或者条例的决定，授权海南省人大及其常委会制定在海南经济特区实施的法规，授权深圳经济特区制定特区法规和规章的决定，等等。

　　国籍法和其他保障公民基本政治权利的法律。

　　作为宪法法律部门，还应该有几类非常重要的法律，如立法法、监督法等。

　　随着我国社会主义市场经济法律体系的逐步完善，宪法法律部门还会不断地得到丰富和扩充。

　　（二）民法商法

　　民商法法律部门是指调整平等主体的公民与公民之间、法人与法人之间、公民与法人之间的财产关系和人身关系以及商事关系的法律规范的总和。

　　世界上大多数国家多是采用以一部较完整的民法典和商法典作为民商法法律部门的轴心法律规范，而我国目前尚无较完整的民法典和商法典，只是以《民法通则》和《民法总则》作为民法法律部门的轴心法律规范，附之以其他一些单行民事和商事法律，这些单行民商事法律包括物权法、侵权责任法、担保法、婚姻法、继承法、收养法、经济合同法、涉外经济合同法、技术合同法、商标法、专利法、著作权法、企业破产法、海商法、公司法、票据法、保险法等。民商法的调整特点主要是自愿、平等、合意、等价、有偿等。

　　（三）行政法

　　行政法法律部门是指有关调整国家行政管理活动中形成的社会关系的法律规范的总和，具体包括由国务院制定的有关一般行政管理的行政法规，也包括全国人大及其常委会制定的有关行政管理的法律或地方国家机关制定的有关行政管理的地方性法规。

　　行政法法律部门不像宪法、民法、刑法等那样，有一部轴心法律或法典，而是由许多单行的法律、法规、地方性法规等构成的，这是由国家行政管理活动的多样性、复杂性及国家管理活动的广泛性所决定的，它很难集中在一部统一的行政法典或法律性文件中。这个复杂的法律部门，大体可以分为行政主体法、行政行为法、行政程序法、行政监督法等。行政法律关系的主体双方的法律地位一般是不平等的，它体现了管理者与被管理者之间的行政隶属关系。但是随着市场经济的逐步发展，有些行政法律关系会趋于平等化，体现出行政法律关系主体双方的平等性，如行政合同关系，就须建立在合同双方自愿、平等、协商的基础之上，而不是一味地命令—服从关系。

（四）经济法

经济法法律部门是指调整国家在国民经济管理中和各种经济组织的活动中所发生的经济关系的法律规范的总和。作为法律部门的经济法和作为人们日常生活中所泛指的经济法既有联系又有区别。泛指的经济法包括一切有关经济内容的经济立法和调整经济关系的法律；而作为法律部门的经济法，则主要指那些国家在调整国民经济管理中和各种经济组织之间的活动中所发生的经济关系的法律规范。经济法和民法、商法、行政法等法律部门之间有较为密切的联系，由于其调整对象都是经济关系，因而有些法律规范有所交叉，如经济合同法，既可适用于经济合同，也可适用于民事合同。

由于经济法所调整的经济关系的复杂性和广泛性，很难由一部法典来作为经济法法律部门的轴心法律规范。我国目前也没有一部法典型的经济法法律规范，而是由大量单行的经济法组合而成，主要有：计划法、预算法、全民所有制企业法、集体所有制企业法、私人企业法、各种外资企业法、对外贸易法、银行法、信贷法、证券法、金融法、物价管理法、产品质量法、统计法、会计法、基本建设法、农业法、消费者权益保障法、反不正当竞争法等。

（五）社会法

社会法是调整有关劳动关系、社会保障、社会福利和特殊群体权益保障方面法律关系的法律规范的总和。社会法作为一个法律部门是 20 世纪国家逐渐加强干预社会生活的过程中发展出来的一个法律门类，其基础是生存权观念，即为了保障经济进步、社会公平和稳定，国家有权力对社会财富进行重新分配。社会法主要包括两个方面：一是有关劳动关系、劳动保障和社会保障方面的法律，如劳动法、工会法等；二是有关特殊社会群体权益保障方面的法律，如残疾人权益保障法、未成年人保护法、妇女权益保障法等。作为我国社会主义法律体系的一个构成部门，劳动法在我国法律体系中占有重要地位，因为它很能体现我国法律体系的"社会主义性质"。

（六）刑法

刑法法律部门是指有关犯罪和刑罚的法律规范的总称。在当代中国的法律体系中，刑法是一个非常重要的法律部门，也是惩治各种犯罪和犯罪行为，打击各种严重破坏社会关系和社会秩序的犯罪分子，维护正常的社会秩序的重要法律部门。因此，刑法调整范围最广，强制性最为突出。

刑法适用于那些实施了具有较严重的社会危害性、已经触犯了刑事法律规范的行为的犯罪人，刑法所采用的调整方法是最严厉的。所以，刑法法律部门并不是主要以调整对象来划分，而主要是以其调整方法——刑罚制裁的方法——来划分的，即凡属用刑罚制裁方法的法律规范，都属于刑法法律部门。我国目前的刑法法律部门主要是以1997年第八全国人民代表大会第五次会议修订通过的《中华人民共和国刑法》以及其后历次通过的九个修正案为轴心的法律规范，还包括一些散见于经济法规、行政法规中关于追究刑事法律责任的规定等。

（七）诉讼与非诉讼程序法

诉讼与非诉讼程序法是调整因诉讼活动和非诉讼活动而产生的社会关系的法律规范的总和。诉讼法是相对于实体法而言的一个重要的法律部门。实体法是规定各种实体权利和义务的法律，而诉讼法则是规定在诉讼过程中各个诉讼主体的诉讼权利和诉讼义务的法律，诉讼法中也可能包含一部分少量的实体权利和义务，但就其主要内容而言，它主要是规定诉讼权利和义务即第二性权利义务的规范。我国目前的诉讼法律部门主要由三大类诉讼法构成：刑事诉讼法、民事诉讼法、行政诉讼法，这三大类诉讼法都各自有一部法律。此外，我国还制定了《仲裁法》《劳动争议调解仲裁法》等非诉讼程序法。

【拓展阅读】
中国的社会
主义法律体系

【课后练习
与测试】

第十一章　中国社会主义法律实施

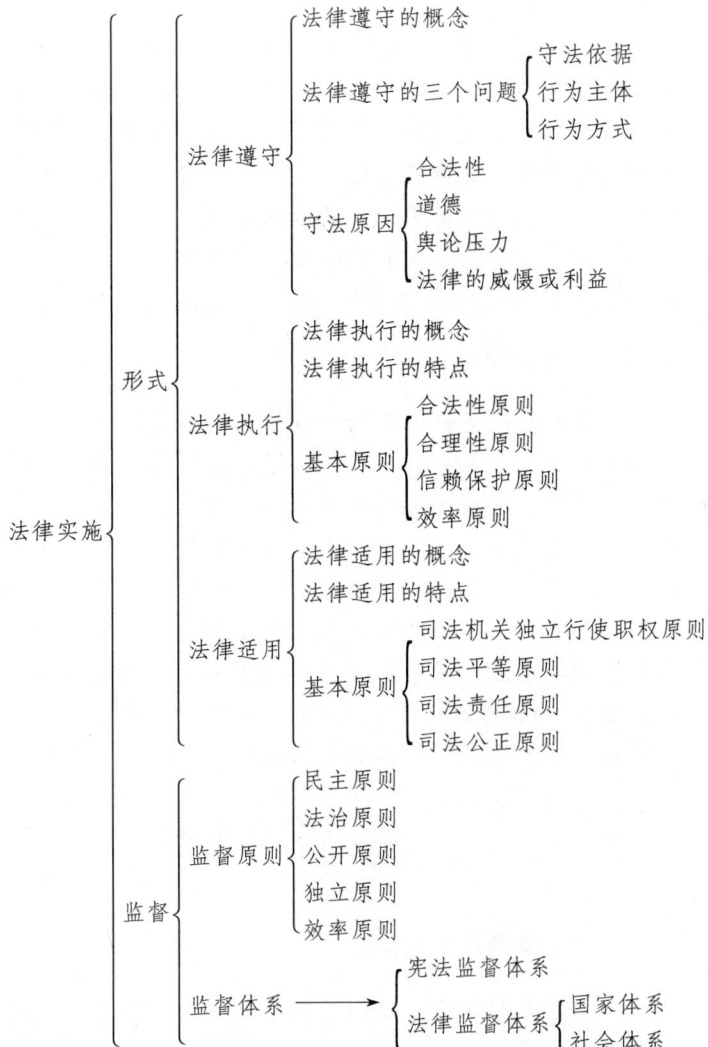

本章知识结构图

🎓 **本章重点内容讲解**

　　本章涵盖了除立法以外法律运行的全部过程，故内容较多。各节内容，除了要求熟练掌握基本概念以外，对于法律遵守的原因、法律执行和法律适用各自的特点和原则，都要掌握。另外，需要一般了解法律监督的原则，注意掌握法律监督的结构和整个体系。

第一节　法律实施的含义和形式

一、法律实施的含义

　　法律实施是指法律规范的要求通过法律执行、法律适用、法律遵守等形式在社会生活中得以贯彻和实行的活动。法是一种行为规范，法在被制定出来后，付诸实施之前，只是一种书本上的法律，处在应然状态；法律的实施，就是使法律从书本上的法律变成行动中的法律，使它从抽象的行为模式变成人们的具体行为，从应然状态到实然状态。所以，立法是法律调整的起点和基础，法律实施则将法律要求的可能性变成现实性。

二、法律实施的形式

　　法律实施的形式，按照不同的标准，可以有多种分类：①按照法律作用于社会关系的具体化程度，可以分为通过具体法律关系的法律实施和不通过具体法律关系的法律实施。②按照法律调整方式的不同，可以将法律实施的方式分为权利的享用、积极义务的履行和禁令的遵守。③以法律规范是否需要国家机关的干预才能实施和实现为标准，可以把法律实施分为法律遵守和法律适用。本书则以实施法律的主体和实施法律的形式为标准，将法律实施分为法律遵守、法律执行和法律适用三种形式。这三种方式与立法和法律实施的监督一起，构成了法律的运行过程。

第二节　法律遵守

一、法律遵守的含义

　　法律遵守即守法，是指公民、法人、社会组织、武装力量和国家机关以法律为自己的行为准则，依照法律行使权利、履行义务、承担责任的活动。守法是法的实施的基本要求，也是法的实施的最基本最普遍的形式。立法者制定法律的目的，就是要运用法律来进行对社会的调整，维护一定的社会关系和社会秩序，因此，如果一个国家制定了大量的法律，却不能在社会生活中得到遵守，那么就失去了立法的目的和意义，也就失去了法律的权威和尊严。理解法律遵守的概念，需要注意下述几个问题：

1. 在守法的法律依据上，即在守法的范围上，这里所说的法律是广义的，包括了特定国家机关制定的所有规范性法律文件和非规范性法律文件。在我国，守法的范围既包括宪法、法律、行政法规、地方性法规、民族区域自治地区法规、特别行政区的法律，以及我国参加或同外国缔结的国际条约和我国承认的国际惯例等抽象的规范性法律文件，也包括执法、司法机关所制定的非规范性法律文件，如人民法院的判决书、行政机关的执法意见书、法律关系主体签订的合同等具有法律效力的非规范性法律文件。

2. 在守法的行为主体上，是全方位的、广泛的。既包括公民和法人，也包括一切国家机关、武装力量、政党、社会团体、企事业组织。其中首要的是执政党和国家机关必须率先垂范地遵守法律，以便起到上行下效的守法效果。另外，守法主体还包括在我国领域内的外国组织、外国人和无国籍人。他们应在我国法律允许的范围内活动，这是维护我国主权和利益的体现。

3. 在守法的行为方式上，"遵守"包含两层含义：一是依照法律享有权利并行使权利；二是依照法律承担义务并履行义务。因此，我们不能将守法理解为只是承担义务和履行义务这类消极被动的、不作为的守法，它也包含着享有权利并行使权利这类积极作为的守法，二者是相互统一、不可偏废的。

【课后练习与测试】

二、法律遵守的原因

由于社会成员各自所处的环境、自身素质等因素的差异，决定了他们守法的动机、守法的根据，即守法的原因可能不完全相同。在不同情况下，社会成员守法的原因也会不一样，有时往往是多种因素混合在一起。概括起来，守法的原因有以下几个方面：

1. 从合法性出发守法。这种观点认为，法律是由国家制定或认可的，由国家强制力保障实施的，具有至上权威。国家法律一经颁布生效，不管社会成员的主观愿望如何，人人必须遵守。这就是对法律的信仰，即对法律权威的尊重和信任。按照这种观点，即使守法者认为法律的规定与自己的利益相冲突，甚至与自己的价值观念相矛盾，也要守法。

2. 从道德出发遵守法律。很多法学家认为，公民守法是由于他们负有守法的道德义务，因此公民守法的主要理由就是道德上的理由。社会契约论者认为，每个公民之所以有守法的道德义务，是因为公民是社会契约的当事人。既然公民是自愿通过社会契约建立起了社会和政府，他就已经同意了政府的权力和治理是正当的。既然公民明确作出了服从政府权力的承诺，因而他就有义务遵守这一契约。在这个契约之中，最重要的一点就是遵守法律。故而，公民守法义务的基础或直接根据就是信守承诺这样一种道德义务。苏格拉底之死的故事，背后就隐含了这样一个承诺论或社会契约论的观念。因为苏格拉底认为，如果一个人自愿生活在一个国家，并享受这个国家的法律所赋予的权利，就等于他与国家之间有了一个契约。在这种情况下，不服从法律就是毁约，这是十分不道德的。持这种系统的契约论观点的人，主要是西方近代的古典自然法学派思想家。此外，这种观点还认为，一般来说，法律都是来源于道德，体现了最低的道德要求，因此守法也就是在遵守道德的要求。这时，所谓法律信仰其实就是人们的道德信仰。

3. 从舆论压力出发遵守法律。这种观点认为，人总是处于一定的社会关系之中，法律是营造良好社会关系的一种手段，因此，如果有人不遵守法律，就会破坏良好的社会关系，并招致该社会中其他人的负面评价，从而使不守法者丧失体面和威信。于是，基于对负面评价的担忧，人们就会遵守法律，安分守己。需要注意的是，把出于社会舆论压力而守法作为公民守法的理由，要求法律本身必须是"良法"。如果法律本身是不正义的，就难以形成正当的社会压力促使公民守法。恶法本身不仅不能对公民守法形成社会压力，反而恰恰会逼迫公民违背法律，甚至会让社会多数人对违法行为持赞誉态度。

4. 从法律的威慑作用或从利益出发而守法。这种观点认为，国家法律一经颁布生效，如果不守法就将招致国家的干预，甚至受到相应的法律制裁和惩罚。因此，法律制裁和法律惩罚的这种威慑作用，迫使人们在选择自己的行为方式时，不得不选择符合法律规定的行为模式。此种观点还认为，人们是否守法也取决于利益的计算。如果违法比守法能给自己带来更大的利益，他就宁愿选择违法，反之则守法。这种以暴力威慑或利益衡量为基础的守法原因理论，主要是持功利主义哲学的分析法学派的观点。

第三节　法律执行

一、法律执行的概念和特点

（一）法律执行的概念

法律执行简称执法，有广狭二义。广义的法律执行是指所有国家行政机关、司法机关及其公职人员依照法定职权和程序实施法律的活动。狭义的法律执行仅指国家行政机关及其公职人员依法行使管理职权、履行职责、执行法律的活动。此处所说的法律执行，是就其狭义而言的，即仅包括行政机关及其公职人员执行法律的活动。在此意义上，特别是在与司法机关法律适用活动对比的意义上，法律执行有五个特点。

（二）法律执行的特点

1. 主体的有限性。法律执行的主体只包括行政机关或行使行政职权的其他组织及其公职人员。其他任何机关、组织和个人都不能成为法律执行的主体。在我国，法律执行的主体可以分为三类：第一类是中央和地方各级政府，包括国务院和地方各级人民政府；第二类是各级政府中的行政职能部门，如公安行政部门，工商行政部门，教育行政部门等；第三类是法律授权或委托的组织，如学校、企业等。

2. 主动性。这是指法律执行主体应依照法律规定的职权积极主动地履行职责。行政机关执行法律的这种主动性，与司法机关适用法律时的被动性，恰恰形成鲜明对比。对于司法权来说，"不告不理"是其开展工作的基本程序。法院不会、也不应主动介入社会生活和政治生活，积极调理各种社会关系，作出影响人们权利和义务的决定。但行政机关在执行法律时则处于积极主动甚至支配的地位，行政机关的意思表示和处分行为对于行政法律关系具有决定性的意义，对于被管理者的权利和义务也具有决定性意义。有些行政执法行为，如行政许可、行政给付行为，虽然在启动程序上需要行政相对人的申请，因而行政机关在这种活动中看似被动，但在作出具体的行政决定时，行政执法机关仍然是主动的。

3. 内容的广泛性。法律执行涉及国家政治生活、经济生活、社会生活和文化生活的各个方面。在执行法律时，由于社会生活内容本身的复杂性，因而行政机关代表国家对社会进行的全方位的组织和管理活动的内容也必然极为丰富广泛。随着现代社会生活变得越来越复杂，法律执行在当代尤其表露了其内容的广泛性这一特征。

4. 单方意志性。行政主体实施行政行为，只要是在行政组织法或法律法规授权的范围内，依照法定程序即可自行决定和直接实施，而不是必须与行政相对人协商并征得相对人的同意。因此，大量的行政执法行为不需要相对人的请求和同意，仅以行政机关单方面的决定就可以成立。如国家行政机关依法命令某些单位或个人纳税，命令司机或行人遵守交通规则等。

5. 程序的效率性。由于法律执行要处理的多是一些急迫的问题，因此要讲求效率。法律执行如果效率低下，往往会给国家、集体和个人利益造成不可弥补的损害。比如说，矿井塌陷掩埋工人后，就要求相关行政机构迅速作出明确判断并采取果断措施，以救援工人生命为最高要求。如果有人遭受即时的不法侵害，公安机关也应该迅速出警，以保护公民的生命财产安全。在这些情况下，行政机构不讲效率即是违法。相对来说，立法和司法活动对效率性的要求就没有行政执法那么高，对立法和司法活动来说，公正是比效率更高的要求。当然，要求法律执行讲求效率，并非让其不讲公正原则。公正原则对行政执法来说同样重要。因此，为了保证公正，行政执法活动也要遵循相关的程序来进行。但在执法的程序设计上应当强调迅速、简便、快捷和效率。

二、法律执行的基本原则

法律执行的原则是指行政执法主体在执法活动中所应遵循的基本准则。我国的行政执法要求遵循合法性原则、合理性原则、信赖保护原则、效率原则。

（一）合法性原则

合法性原则又叫依法行政原则，是指行政机关必须根据法定权限、法定程序和法治精神进行管理，越权无效。法律支配权力，尤其是支配行政权力，是现代法治的根本要求。从权力分立理论角度来看，法律执行本身就是行政机关在执行法律的规定，因此，依法行政原则或者合法性原则当是法律执行最为基本的原则。现代国家行政权力呈逐渐扩张趋势，行政权能越来越大，如果不要求行政执法活动依法行政，就有可能出现行政权力的极度扩张和滥用，行政越权、行政腐败等现象就有可能发生，使人民的权益受到损害。因此，"无授权即禁止""越权无效"当成为法律执行的第一原则。

（二）合理性原则

合理性原则包括公正原则和比例原则，这是指执法主体在执法活动中，特别是在行使自由裁量权时，必须客观、适度、合乎理性。这是因为，法律规定不一定都是尽善尽美的，合法的未必合理。因此，合理性原则也是现代行政法治精神的应有内涵，是依法行政的基本要求。执法主体在执法活动中遵循合理性原则，需要做到以下几点：①平等对待行政相对人，公平、公正、不偏私、不歧视；②行使行政自由裁量应当符合法律目的，排除不相关因素的干扰；③所采取的措施和手段应当必要、适当；④行政行为的实现应衡量实现的利益与侵及相对人的权益孰轻孰重，只有前者重于后者，其行为才具合理性。合理性原则特别涉及行政执法过程中自由裁量权的运用。一般说来，凡是在法定范围内行使自由裁量权都是合法的，即使行使不当，也不构成违法。然而，不正当地行使自由裁量权，也会对社会公众的合法权益造成损害，这就要求法律执行不仅要合法，而且还要合理。

（三）信赖保护原则

信赖保护原则是指行政机关实施行政行为，应当遵循诚实信用的原则，保护公民、法人或其他组织对行政机关正当合理的信赖。这一原则的具体要求是：

1. 确定力。法律执行行为一经作出，未有法定事由和未经法定程序不得随意撤销、废止或改变。

2. 公定力。行政机关对行政相对人的授益行政行为作出后，事后即便发现有轻微违法，或对政府不利，只要行为不是因为相对人的过错所造成的，亦不得撤销、废止或改变。

3. 行政行为作出后，如事后发现有较严重的违法情形或可能给国家、社会公共利益造成重大损失，必须撤销或改变此种行为时，行政机关对因撤销或改变此种行为而给无过错的相对人造成的损失应给予补偿。

【拓展阅读】
省政府败诉
信赖保护
原则胜诉

（四）效率原则

在依法行政的前提下，行政机关在对社会实行组织和管理过程中，以尽可能低的成本取得尽可能大的效益，从而获得最大的执法效益。与立法和司法相比较，行政执法尤其要强调效率，因为，立法是为了制定出公正合理的法律以供行政机关执行，制定法律的过程，如果过于强调效率，就很难制定出完善的法律来。司法是为了适用法律，适用法律的最高要求是公正，在司法工作中，有时宁可牺牲效率也要求得公正。但是，行政工作涉及面广，影响力大，对国家的整体发展起着举足轻重的作用，如果不注重执法效能，将会对国家的发展带来极为不利的影响。因此，在法律执行过程中，行政机关要从保护公民权利和国家利益的角度出发，对行政相对人的请求及时作出反应，对各种行政事务及时作出反应。

【课后练习与测试】

第四节　法律适用

一、法律适用的概念和特点

（一）法律适用的概念

法律适用，狭义上专指国家司法机关根据法定职权和法定程序，具体应用法律处理案件的专门活动。它与法律执行一样，是法的实施的重要方式之一。由于这种活动是以国家名义来行使司法权，因此也称为司法。法律适用作为国家职能机关的一项专门活动，与其他国家机关活动相比，尤其是与国家行政机关的法律执行活动相比，具有若干典型特征。

【拓展阅读】多义的"司法权"概念

（二）法律适用的特点

1. 专属性。法律适用是司法机关以国家名义行使司法权的活动。这项权力只能由国家司法机关及其司法人员行使，其他任何国家机关、社会组织和个人都不能行使这项权力。因此，司法权是一种专有权，具有专属性。在我国，司法权专属于人民法院和人民检察院。

2. 程序性。法律适用是司法机关严格按照法定程序所进行的专门活动，因此，程序性是司法的最重要、最显著的特点之一。与立法和执法相比，法律适用活动的程序相对集中。目前，根据法律关系的不同性质，我国把司法裁决内容分为三类，即刑事案件裁决、民事案件裁决和行政案件裁决。这三类案件的裁决，都应依照分别与之相适应的专门程序法来进行。司法机关在处理具体案件时，必须根据案件的不同性质适用相应的法定程序，这是保证司法公正的必要手段。离开了这些法定程序，诉讼当事人的合法权益就很难保障，国家法律的正确适用也很可能成为一句空话。

3. 被动性。司法权的行使从来就不是主动介入当事人之间的纠纷的，它是在纠纷业已存在并有当事人将纠纷提交司法途径解决的情况下，司法权在现实中才开始运作的。为了完成管理社会的任务和目标，立法和行政执法活动常常是立法机构和行政机关依据法定职权主动为之，它们不待案情告发，就可以为自己定下议事日程。但司机关的法律适用从来都不是由司法机关主动、积极地作出的，也就是说，司法机关从来不会也不应像立法机关或行政机关那样，主动对公民、法人或其他组织作出某种决定，或积极介入到当事人之间去行使司法权。只有在案件当事人或国家公诉机关向司法机关提起诉讼的情况下，司法机关才能启动法律适用程序，这就是专门适用于司法权的"不告不理"原则。

4. 中立性。司法机关适用法律的本质是判断，而要正确判断是非，必须要求判断者保持中立立场，这是判断活动的内在要求。与立法机关和行政机关不同，司法机关既无强制，又无意志，而只有判断。要确保司法正义，必须要求司法权运作时不偏向争诉中的任何一方，以中立的立场平等地对待双方当事人的权利请求和抗辩主张。在法律适用过程中，法官必须以消极的第三方身份客观地认定事实，进而根据法律和自己的良知作出裁判。

5. 权威性。一种独立、中立、理性的司法权，其适用法律的结果，必定具有权威性。这是因为，这样一种司法权作出的裁判，具有公正性。司法裁判的权威性得以成立的原因在于：①裁判是法院以国家名义行使司法权活动的结果，因而从权力设定上看，具有权威性。②审判权的中立性使法院制作的法律文书是充分考虑争诉双方提供的信息、法律规定及一般社会正义观和公共道德观的结果。③裁判的公开性使裁判的正当性和正义的维护以人们看得见的方式得以实现。因此，司法裁判的公开性增加了其权威性的可信度。④裁判的权威性是当事人寻找正义的最后渠道。在现代国家，虽然并非一切矛盾和纠纷都是经过司法程序解决的，但是，一切社会矛盾和纠纷，如果最终在司法上得不到公正解决，就很难再有其他途径可循了，因此我们才说，司法是社会公正的最后一道屏障。就司法裁决的这种终局性而言，我们也可以说司法裁决具有权威性。

二、法律适用的基本原则

法律适用的基本原则是指在法律适用过程中必须遵循的基本准则。这些基本准则主要有下列几项：

（一）司法机关独立行使职权原则

司法机关独立行使职权原则是指司法机关在办案过程中，依照法律规定独立行使司法权。其基本内容是：国家的司法权只能由国家的司法机关统一行使，其他任何组织和个人都无权行使此项权力；司法机关行使司法权时，必须严格依照法律规定，准确地适用法律。在我国，司法机关独立行使职权不仅是一项宪法原则，也是司法的一项重要原则。从司法权的价值实现来看，司法机关独立行使职权可以避免审判机关和法官受到外部因素的干扰而背离司法公正的要求。在我国，这一原则可从两个层面来理解：第一个层面是，首先要强调法院的独立，这就是说，法院作为审判机关，法官职业群体作为一个整体，要与行政机关、立法机关、其他团体和个人之间，保持独立。第二个层面是法官的独立，也就是说，每个法官在审理案件时，除独立于法院之外的主体外，还独立于本院的领导以及上级法院的法官。这个层面讲的其实是法官的身份独立和精神独立。

多个层面的理解
- 法院独立：法院整体的独立，法官职业群体作为一个整体，与行政机关、立法机关以及其他团体和个人之间，保持独立。
- 法官独立：每位法官在案件审理中，除独立于法院之外的主体外，还独立于本院的领导以及上级法院的法官等，包括法官的身份独立和精神独立。

但是，坚持这一原则，并不意味着司法权的行使不受任何监督，它像其他权力一样要受监督和制约。具体说来，这种监督表现在如下几个方面：①司法权要接受党的领导和监督，这是司法权正确行使的政治保证；②司法权要接受国家权力机关的监督，因其由国家权力机关产生，应对国家权力机关负责；③司法机关的上下级之间以及同级之间也存在监督和约束关系，这对防止司法权的滥用和腐败具有重要意义。

（二）司法平等原则

司法平等原则是法律面前人人平等原则在司法活动中的具体体现。它是指各级国家司法机关及司法人员在处理案件、行使司法权时，对于任何公民，无论其民族、种族、性别、职业、宗教信仰、教育程度、财产状况、居住期限等有何差别，也无论其出身、政治历史、社会地位和政治地位有何不同，在适用法律上一律平等，不允许有任何的特殊和差别。因此，这一原则，有时候也叫作"公民在适用法律上一律平等原则"。司法平等原则的具体表现为：①任何公民都必须平等地遵守国家法律，一律平等地享有法定权利和承担法定义务，不允许任何人有超越于法律之上的特权；②任何公民的合法权益，都平等地受到法律的保护，他人不得侵犯；③任何公民的违法犯罪行为，都平等地依法受到追究和制裁，决不允许其逍遥法外；④对于所有诉讼参与人都应平等、公正地对待，切实保障诉讼参与人充分地行使诉讼权利，履行诉讼义务。

（三）司法责任原则

司法责任原则是指司法机关和司法人员在行使司法权的过程中侵犯了公民、法人和其他社会组织的合法权益，造成严重后果而应承担责任的一种制度。这是根据权力与责任相统一的法治原则而提出的一种权力约束机制。权力伴随责任，司法权力亦然。只有将司法权力与司法责任结合起来，才能更好地增强司法机关及其工作人员的责任感，树立司法的威信和法律的权威。这一原则具体表现为国家赔偿制度和冤案、错案责任追究制度两个方面。

最高人民法院在 1992 年 2 月召开的全国法院纪检监察工作座谈会上提出，要实行错案责任追究制度，即对错判的案件，不仅要依法改判，还要追究案件承办人的办案责任。这一制度不久即在全国法院推行。1997 年 9 月，中共十五大报告中也把"建立冤案、错案责任追究制度"作为我国司法改革的一项重要内容。我国《国家赔偿法》于 1995 年开始实施，并在 2010 年、2012 年分别作了修订。在《国家赔偿法》中，与审判机关有关的规定是，审判机关及其工作人员在行使审判职权时有侵犯人身权、财产权情形的，该机关就负有赔偿的义务，并且在赔偿义务机关赔偿后，对于"在处理案件中有贪污受贿，徇私舞弊，枉法裁判行为的"司法人员，"有关机关应当依法给予处分；构成犯罪的，应当依法追究刑事责任"（第 31 条）。

（四）司法公正原则

司法公正原则是指司法机关和司法人员在司法活动的过程和结果中应坚持和体现公平和正义的原则。司法公正是司法权运作过程中各种因素达到的理想状态，是现代社会政治民主、进步的重要标志，也是现代国家经济发展和社会稳定的重要保证。它是法律的自身要求，也是依法治国的要求。司法公正原则的主体是以法官为主的司法人员。司法公正的对象包括各类案件的当事人及其他诉讼参与人。司法公正包括实体公正和程序公正，其中，实体公正是指司法裁判的结果公正，即司法活动就当事人的实体权利和实体义务所作的裁判是公正的，当事人的权益得到了充分保障，违法犯罪者受到了应有的惩罚和制裁。实体公正的要旨在于要求法院在审理各种案件和处理各种纠纷的时候坚持以事实为根据、以法律为准绳的原则。程序公正主要是指司法过程的公正，司法程序具有正当性，当事人在司法过程中受到公平对待。实体公正是司法公正的根本目标，程序公正是司法公正的重要保障。由于程序公正具有较强的确定性和可操作性，因此通过程序公正来保障实体公正并进一步全面实现司法公正是一条可行之路。换言之，程序公正可以作为在实践中追求司法公正的切入点。

【课后练习与测试】

第五节　法律实施的监督

一、法律实施监督的概念

法律实施监督，即有关主体对法律实施活动的监督，通常简称"法律监督"。法律监督有多种含义。广义的法律监督泛指一切国家机关、社会团体和组织、公民对各种法律活动的合法性所进行的检查、指导、监察和督促以及由此而形成的法律制度。一般意义上的法律监督，是指有关国家机关依照法定权限和程序，对法的创制和法律实施的合法性所进行的检查、督导以及由此而形成的法律制度。狭义的法律监督则是指专门的法律监督机关，即检察机关对侦查、审判、执行等活动实施的监督。本书采用广义的法律监督概念。

法律监督最基本的性质和功能是它的制控性：一为制控法的运行过程，防止、控制和纠正偏差或失误；二为通过对法的运作过程的监督来制控权力运作，防范、控制和矫治权力的扩张和滥用。因此，法律监督既有法律功能，也有政治功能。

二、法律监督的原则

（一）民主原则

法律监督的民主原则主要体现在监督主体、监督对象和监督内容的广泛性上。在我国，法律监督的主体包括国家机关、政治或社会组织和公民三大类。法律监督的对象主要是运用国家权力的国家机关及其公职人员，也包括运用公共权力、具有政治优势地位的政治或社会组织。法律监督在内容上主要指向监督对象的行为和结果的合法性，一定范围内也指向行为和结果的合理性。主权在民，这是近代西方民主理论的核心。法国杰出的启蒙思想家卢梭认为，人民订立契约建立国家，他们便是国家权力的主人。在无产阶级政党领导的社会主义国家里，更应当坚持这一原则，充分体现国家权力的人民性和政治的民主性。只有这样，才能保证法律监督的正确方向，使一切权力时时处处都处于有效的法律监督之下。民主的法律监督应当是多元化的、双向的、开放性的，有良好的系统间交互法律监督机制和社会法律监督机制，监督权最终属于人民。在我国，一切权力属于人民，国家机关由人民产生，对人民负责，受人民监督，这具体体现了法律监督的民主原则。

（二）法治原则

法律监督中的法治原则是指法律监督主体必须严格按照法律赋予的职权和法律规定的程序，对法律监督客体及其权力行为进行法律监督。具体来讲，有两个方面：一是法律监督主体必须在宪法和法律规定的范围内行使法律监督权，做到既不失职，又不越权；二是法律监督主体必须按照法定程序来行使法律监督权，避免随意性。实践证明，要增强法律监督的准确性和权威性，必须健全法律体系，依法进行法律监督活动。也就是说，法律监督主体始终应在宪法和法律规定的范围内，依照法律规定的程序实施法律监督。

（三）公开原则

实行公开原则，增加透明度，是对权力进行有效监控的必要前提，也是现代社会发展的必然趋势。封闭性和神秘性是封建专制条件下的国家活动的主要特点，"民可使由之，不可使知之"成为封建统治者的经验总结。在资本主义条件下，民主政治已经呈现出公开性和开放性。社会主义国家的一切权力属于人民，这一本质决定了它应该比资本主义社会具有更大的公开性和开放性。列宁在谈到苏维埃政权与旧政权的区别时指出："这个政权对大家都是公开的，它当着群众的面办理一切事情，群众很容易接受它。"实践证明，只有实行公开原则，"重大情况让人民知道，重大事情经人民讨论"，才能有效地规范权力行为，保证法律的正确实施。

（四）独立原则

法律监督主体具有相对的独立性，是法律监督活动能够正常实施并达到目的的基本条件，也是法律监督必须遵循的基本原则。具体来讲，法律监督主体的相对独立性分为三个方面：法律监督机构依法设置，任何机关和个人不得违法决定其存废；法律监督人员依法任命，任何机关和个人都不能随便剥夺其监督权；法律监督活动依法进行，不受其他任何机关、组织和个人的非法干涉。这种相对独立性之所以必要，是因为权力的行使和运用能实现某种利益，权力行使者出于对自身利益的追求和维护，总是力图摆脱监督，千方百计地对法律监督主体进行干扰。如果法律监督主体不能排除这些干扰而屈服于法律监督对象的压力，则法律监督活动就无法实施。在法律监督活动中，监督主体的独立性和权威性是非常重要的。倘若监督主体受制于监督对象，缺乏必要的独立性和应有的权威性，就不能正常发挥自己的职能，法律监督就难以落到实处。

（五）效率原则

追求高效率是一切国家机关活动的起点和落脚点，法律监督当然也不能例外。法律监督的效能原则是指法律监督的措施得力，及时有效。法律监督作为一种机制，不仅是对权力行使者的监控和激励，同时还发挥着重要的纠偏、惩戒作用。对权力的法律监督越及时、越有效，就越能更好地防止和减少权力负效应的发生，从而达到维护国家和人民利益的目的。如果法律监督不及时，没有效率，它也就失去了自身的价值。

三、我国宪法和法律监督的体系

（一）宪法监督体系

宪法监督体系是我国社会主义民主制度的组成部分。它保障着宪法正确的、充分的实施，维护并巩固着我国社会主义法制的基础，因而在国家生活中占有重要地位。我国的宪法监督体系是在共产党的领导下，总结了长期的历史经验而逐步建立并发展起来的，是符合我国国情、具有中国特色的监督制度。目前，我国的宪法监督体系主要包括：

1. 全国人大对宪法实施的监督。我国《宪法》第62条规定，全国人大行使监督宪法实施的职权。全国人大是我国最高的宪法监督机关，它对宪法实施的监督权力要高于全国人大常委会。全国人大的这一职权主要表现在，全国人大有权改变或者撤销全国人大常委会制定的不适当的法律和决定。

2. 全国人大常委会对宪法实施的监督。我国《宪法》第67条规定，全国人大常委会行使监督宪法实施的职权。全国人大常委会的这项监督职权主要体现在，全国人大常委会有权撤销国务院制定的同宪法、法律相抵触的行政法规、决定和命令，也有权对省级国家权力机关制定的地方性法规和决议进行监督，因为全国人大常委会有权撤销省、自治区、直辖市国家权力机关制定和批准的同宪法、法律、行政法规相抵触的地方性法规和决议。

3. 全国人大专门委员会对行政法规、地方性法规违宪的监督。我国《立法法》第100条规定，"全国人民代表大会专门委员会、常务委员会工作机构在审查、研究中认为行政法规、地方性法规、自治条例和单行条例同宪法或者法律相抵触的，可以向制定机关提出书面审查意见、研究意见；也可以由法律委员会与有关的专门委员会、常务委员会工作机构召开联合审查会议，要求制定机关到会说明情况，再向制定机关提出书面审查意见"。

4. 地方各级人大及其常委会保障宪法在本行政区域内实施的监督。我国《宪法》第99条规定，"地方各级人民代表大会在本行政区域内，保证宪法、法律、行政法规的遵守和执行"。这是地方各级国家权力机关保障宪法监督的根本依据。

【拓展阅读】
宪法监督
与违宪审查

（二）法律监督体系

一般认为，法律监督体系包括国家法律监督体系和社会法律监督体系，兹分别述之如下：

1. 国家法律监督体系。国家法律监督，即由国家机关以国家名义依法定职权和程序进行的具有直接法律效力的监督。这种监督因具体实施监督的机关不同，监督的内容和方式也可能不同，但国家法律监督有其共同特点，即法定性、严格的程序性、直接效力性。国家法律监督体系主要由国家权力机关的监督、行政机关的监督和司法机关的监督构成。

（1）国家权力机关的监督。这是指各级人民代表大会及其常务委员会为全面保障国家法律的有效实施，通过法定程序，对由它产生的各类国家机关实施法律的监督。

（2）国家行政机关的监督。这是指由国家行政机关所进行的法律监督，它既包括国家行政系统内部上下级之间（如省政府对市政府）以及行政系统内部设立的专门机关（如县以上各级人民政府所设的监察厅、局）的法律监督，也包括行政机关在行使行政权时对行政相对人的监督（即行政许可、处罚、奖励等）。

（3）国家司法机关的监督。司法机关的监督是我国法律监督体系的重要组成部分，包括检察机关的专门监督和审判机关的审判监督。

2. 社会法律监督体系。社会法律监督，即非国家机关的监督，它是由国家机关以外的政治或社会组织和公民进行的不具有直接法律效力的监督，主要包括各政党、各社会组织、公民和社会媒体依照宪法和法律，对各种法律实施活动的合法性所进行的监督。相对于国家机关的法律监督而言，社会法律监督具有广泛性、标志性、启动性三个特征。广泛性是指社会法律监督在监督主体、客体、内容、范围和影响上的广泛性和普遍性，监督方式和途径上的灵活多样，这些都使其成为法律监督体系中不可缺少的重要组成部分；标志性是指社会法律监督的广度、深度和完善程序，与一个国家民主、法治的发展和社会的进步成正比，往往标志着一个国家民主、法治的发展程度；启动性则是指社会法律监督虽然不具有国家监督所具有的国家强制性和直接的法律效力，但其积极、主动的监督方式却可能引发和启动国家监督机制的运行，导致带有国家强制性的监督手段的运用，甚至产生强制性的法律后果。

社会法律监督因具体的监督主体不同，又可分为下述几类：

（1）中国共产党的监督。中国共产党是执政党，在国家生活中处于领导地位，在监督宪法和法律的实施，维护国家法制统一，监督党和国家方针政策的贯彻，保证政令畅通，监督各级干部特别是领导干部，防止滥用权力等方面，具有极为重要的作用。中国共产党的监督的重要作用可以从两方面实现：①中国共产党作为全国各族人民的领导核心，领导人民制定宪法和法律，并领导人民共同遵守、执行宪法和法律，保障宪法和法律的实施。②按照"党要管党"的原则，中国共产党可以运用党内民主监督与制约机制，加强对从政的党员特别是领导干部的严格监督。

（2）社会组织的监督。社会组织的监督主要是指由民主党派、人民政协、工会、青年团、妇女联合会以及城市居民委员会、农村村民委员会、消费者保护协会等社会组织所进行的法律监督。民主党派、人民政协、工会、青年团、妇女联合会是中国共产党联系广大人民群众的桥梁和纽带，在管理国家和社会事务中发挥着民主参与和民主监督的重要作用。城市居民委员会、农村村民委员会是群众性自治组织。消费者协会等社团是在市场经济条件下发展起来的人民群众参与社会监督、进行自我保护的利益集团。这类监督作为一种集体监督，可以在某些特定的领域发挥重要的监督作用。

（3）公民的监督。公民法律监督也叫人民群众的监督，是指由人民群众直接进行的法律监督。这种监督的主体是公民个人，客体是所有国家机关及其工作人员、政党、社会团体、社会组织、大众传媒。公民监督的内容包括国家立法机关行使国家立法权和其他职权的行为，国家司法机关行使司法权的行为，国家行政机关行使国家行政权的行为，各政党依法参与国家的政治生活和社会生活的行为，各社会团体、社会组织参与国家的政治生活和社会生活的行为，以及普通公民的法律活动。我国《宪法》规定，中华人民共和国的一切权力属于人民。人民依照法律规定，通过各种途径和形式，管理国家事务，管理经济和文化事业，管理社会事务。公民对于任何国家机关和工作人员，都有提出批评和建议的权利；对于任何国家机关和工作人员的违法失职行为，都有向有关国家机关提出申诉、控告或者检举的权利。公民的监督行为是一种法律行为。它或者直接促使监督客体纠正错误、改进工作，或者可以启动诉讼程序或国家权力机关的监督，任何破坏或阻止人民群众行使监督权的行为，都是违法行为，应当受到法律的追究。

（4）新闻舆论监督。新闻舆论的法律监督，是由新闻媒介进行的法律监督。它既是宪法规定的公民享有言论、出版自由在法律监督领域的具体应用，也是人民群众的监督在新闻、出版领域中的体现。在现代社会，新闻工作者是以自己对社会事件的报道和评价，参与社会生活与政治生活的，有些国家甚至称新闻舆论为"第四政府"。新闻舆论监督因其反应速度快、传播范围广泛，而具有相当大的道义影响和震撼力，因而可以在法律监督方面起到防微杜渐、防患于未然的作用。

【拓展阅读】
公民监督和
新闻舆论
监督的典范

第十二章 中国社会主义法与经济、文化和社会

本章知识结构图

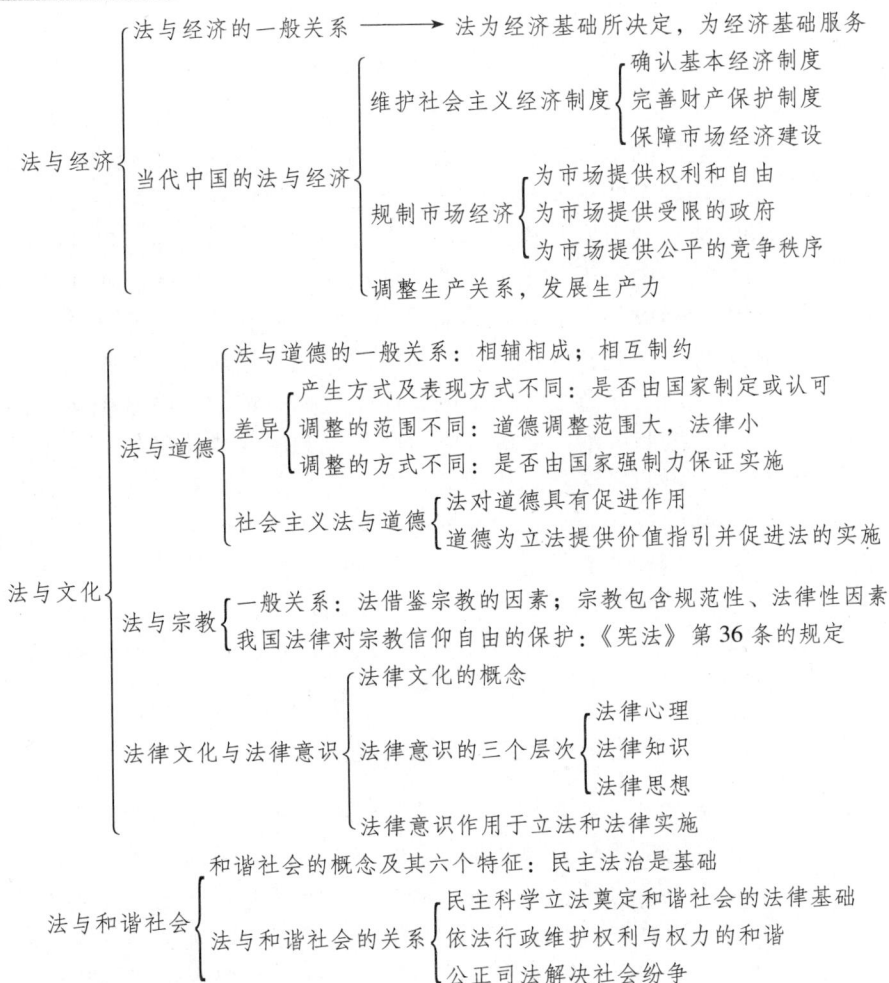

法与经济
- 法与经济的一般关系 —— 法为经济基础所决定，为经济基础服务
- 当代中国的法与经济
  - 维护社会主义经济制度
    - 确认基本经济制度
    - 完善财产保护制度
    - 保障市场经济建设
  - 规制市场经济
    - 为市场提供权利和自由
    - 为市场提供受限的政府
    - 为市场提供公平的竞争秩序
  - 调整生产关系，发展生产力

法与文化
- 法与道德
  - 法与道德的一般关系：相辅相成；相互制约
  - 差异
    - 产生方式及表现方式不同：是否由国家制定或认可
    - 调整的范围不同：道德调整范围大，法律小
    - 调整的方式不同：是否由国家强制力保证实施
  - 社会主义法与道德
    - 法对道德具有促进作用
    - 道德为立法提供价值指引并促进法的实施
- 法与宗教
  - 一般关系：法借鉴宗教的因素；宗教包含规范性、法律性因素
  - 我国法律对宗教信仰自由的保护：《宪法》第36条的规定
- 法律文化与法律意识
  - 法律文化的概念
  - 法律意识的三个层次
    - 法律心理
    - 法律知识
    - 法律思想
  - 法律意识作用于立法和法律实施

法与和谐社会
- 和谐社会的概念及其六个特征：民主法治是基础
- 法与和谐社会的关系
  - 民主科学立法奠定和谐社会的法律基础
  - 依法行政维护权利与权力的和谐
  - 公正司法解决社会纷争

本章重点内容讲解

本章讲解法与其他社会现象之间的关系，包括法与经济、法与文化、法与和谐社会之间

的关系。在法与经济的关系中，法与市场经济之间的关系需要重点讲解，学生应把握法对市场经济的规制作用，也即法对市场经济的三个重要作用。在法与文化一节中，法与道德的关系是重点内容，应掌握法与道德的一般关系、差异，以及法与道德的相互作用之关系。对法与宗教的关系问题作一般了解即可。应该深入了解法律意识的三个层次以及法律意识对立法和法律实施的作用。在本章最后一节中，应该掌握社会主义法在立法、执法和司法三个方面对构建和谐社会的作用。

第一节　中国社会主义法与经济

一、法与经济的一般关系

法与经济的关系是法理学中一个非常重要的问题。分析法律与经济之间的辩证关系，探索法律与经济之间的互动规律，是马克思主义法理学的重要分析方法和视角。马克思和恩格斯从唯物辩证法和唯物史观出发，科学地揭示了经济和法律的关系：经济在社会的系统结构中处于基础的位置，而法律作为上层建筑，根植于生产过程中所形成的人与人之间的关系，为经济基础所决定，并为经济基础服务。因此，法不是从来就有的，也不是从天上掉下来的，更不是哪一个人任意设计出来的，而是根据一定的经济基础运行规律的要求，按照统治阶级的意志由国家机关制定或认可的，一定的法必须与一定的经济基础相适应。在此意义上，法对经济基础以及通过经济基础对社会生产力发挥的作用，按其性质来看，大致分为两大类：一类起进步作用，即当法律维护并促进其发展的经济基础是先进的生产关系时，必然推动生产力的发展，推动社会的进步；另一类起反作用，即当法所保护的经济基础是腐朽的生产关系时，当然就阻碍生产力的发展，阻碍社会的进步。

二、当代中国社会主义法与经济

从近代以来资本主义法律与经济发展的历史经验来看，商品经济和市场经济是法律存在与发展的土壤；同时商品经济、市场经济也需要法律的促进和保障。总之，经济越发展，法律的体系就越完善，法律的作用也就越广泛。市场经济之所以是法制的生长点，这是因为：①市场经济为法制观念的产生、发展提供了契机。②市场经济为法制的实现提供了现实基础，其中最为重要的基础是市民社会。③市场经济为法制提供了民主政治的基础。④市场经济为法制提供了理性化的制度基础。在当代中国的社会主义建设中，从马克思主义法学关于法与经济的基本理论出发，有利于我们更好地理解社会主义法与经济的关系，理解社会主义法对社会主义经济制度的积极作用，理解社会主义法对发展社会主义市场经济、推动经济改革和进步的作用。

（一）维护社会主义经济制度

1. 确认基本经济制度。基本经济制度是国家依据社会性质及基本国情，通过法律对社会经济秩序中生产资料归谁所有作出明确规定的经济制度，是社会经济在生产关系中最基本的规定，也即所有制。中国现处于并将长期处于社会主义初级阶段，因而以公有制为主体、多种所有制经济共同发展是我国现阶段的基本经济制度。2004 年的《宪法修正案》完整地确定了国家对发展非公有制经济的方针政策，其中明确规定：“国家保护个体经济、私营经济等非公有制经济的合法的权利和利益。国家鼓励、支持和引导非公有制经济的发展，并对非公有制经济依法实行监督和管理。”这就使得我国以公有制为主体、多种所有制经济共同发展的社会主义基本经济制度具备了宪法地位。

2. 完善财产保护制度。近代以来的资本主义法律，其最重要的一项功能就是保护公民的财产权。以法律保护财产权的理念在于，通过让公民享有自己的劳动成果，可以促进人们更加勤奋地从事劳动，从而促进经济的进一步发展。我国的基本经济制度是以公有制为主体的，对个人财产的保护曾稍嫌不够。但是，2004 年的《宪法修正案》在此问题上有了重大的进步。这一修正案首先从法律上扩大了财产的保护范围，将以往列举式的主要限于保护公民合法收入、储蓄、房屋和其他合法财产的所有权和私有财产的继承权修改为：“公民的合法的私有财产不受侵犯”，“国家依照法律规定保护公民的私有财产权和继承权”。其次，这一修正案还完善了对私有财产的征收、征用制度，规定“国家为了公共利益的需要，可以依照法律规定对公民的私有财产实行征收或者征用并给予补偿”。这一规定的进步之处在于，征收或征用必须有法律依据，而且必须对公民因征收或征用而丧失的利益予以补偿。另外，2007 年通过的《物权法》，除了重申该法对我国基本经济制度的保护外，对于以物权为中心的公民财产权的保护，更作了特别有力的规定。

3. 保障市场经济建设。一般来讲，市场经济是商品经济发展到一定阶段的产物，是市场对资源配置起基础性作用的经济体制。在市场经济条件下，价值规律、优胜劣汰规律得到了充分的反映和体现；主体平等、交换自由成为经济活动的基本原则。近代以来，正是在市场经济这种经济模式之下，人类的财富获得了前所未有的增加。而要保障市场经济的健康发展，最好的手段莫过于法律的肯定和保护，我国正是借助了法律的手段来完成这一任务的。我国《宪法》明确规定："国家实行社会主义市场经济"，这就使得经济体制改革具备了严格意义上的合法性基础。除了宪法，我国近年来还积极稳妥地制定了许多其他保障市场经济建设的法律，如《物权法》等。2007年开始实施的《物权法》明确规定："国家在社会主义初级阶段，坚持公有制为主体、多种所有制经济共同发展的基本经济制度。国家巩固和发展公有制经济，鼓励、支持和引导非公有制经济的发展"（《物权法》第3条第1款、第2款）。这就把坚持国家的基本经济制度上升到了物权法基本原则的地位，并且这一原则贯穿了整部《物权法》的始终。将来，等到通过能够体现现代市场经济理念的《民法典》之后，我国法律对于市场经济建设的保障，必将更上一层楼。

（二）对市场经济的法律规制

现代市场经济是法治经济，这已经是社会共识。从市场经济和法治的产生和发展历史来看，二者并蒂连枝，如同孪生。市场经济为法治观念和精神的产生、发展提供了契机，为法治的实现提供了社会现实基础，反过来，法治为市场经济的发展提供了不可或缺的制度保障。

1. 现代法律为市场经济提供了充分的权利和自由。任何一种经济制度都有一种特定的有关经济活动的游戏规则，而作为现代市场经济的一种体制性的、根本性的游戏规则就是基于法治的规则。现代市场经济要求具备一些最基本的要素，比如说，要确认个人和企业等市场主体的独立法律地位和各项权利，以使他们能够自主决策、自主经营、独立承担风险；要从法律上明确作为民事活动标的的各类物的地位；要明确财产和财产权的概念，并保障契约当事人能够按照自己的意愿处理自己的财产权利，从而使财产的效用得到充分发挥；要建立公正高效的解决争议和执行司法判决的机制，以使市场中的纠纷能够得到及时有效的处理；等等。总之，市场呼唤充分的权利和自由，而对权利的最佳保障，只有法治能够提供。

2. 法律为市场提供了受限的政府。市场经济下的法律机制是以权利为本位的，它对应于计划经济下的以义务为本位的法律机制。以权利为本位，就是要保障市场主体享有充分的权利，尤其是自主经营权和完整的财产权。因此，对于政府而言，这种包括自主经营权和完整财产权在内的充分的权利，意味着政府的权力要受法律的限制和约束，防止其对市场经济活动进行过多的介入和干预。在这种市场经济理念下，甚至有"小政府、大市场"的主张。政府要将对社会资源的行政性支配权力交给市场，还原为市场主体的自主性权利。因此，从市场经济发展的历史来看，只有政府的权力受到了限制，自由的市场经济才得以形成，所谓"自由的市场经济"，从某种意义上说，其反面是"专制的政府经济"。在市场经济中，政府也是一个独立的市场主体，但是，由于政府在社会生产关系中的特定地位，由于它所掌控的国家权力，就要求它在作为市场主体参与经济生活时其民事权利能力和行为能力都受法律的限制。政府在经济活动中，可以成为投资主体和收益主体，但不能直接成为经营主体参与市场经济的活动。国有资产必须交给独立的市场主体——国有企业来经营。这样就可以使政府摆脱既是当事人又作裁判者的矛盾境遇。政府从市场中退出，到市场外发挥作用，通过制定市场经济的各种法律法规，来完善市场环境，维护市场秩序，以确保市场内各种主体的自由的、平等的竞争。从市场经济和现代法制的发展历史来看，要想让政府在市场活动面前保持消极的不干预地位，而让市场背后的"无形之手"发挥作用，最好的方法就是确立以维护公民权利和自由为目的的法律制度，也就是说，只有以权利为本位的现代法律制度，才能为市场提供一个受限的政府。

3. 法律提供了公平的竞争秩序。在市场经济下，各类市场主体的活动、各种市场经济要素的相互作用是纷繁复杂的。有市场就有竞争，有竞争就需要维护公平、自由竞争的原则，就必须规范各种交换、交易和竞争行为。没有竞争规则的市场，是混乱无序的，是无法保障交易正常进行的。实践证明，能为市场活动提供公平竞争秩序的，只有系统的法律规则。因此，要使市场活动有序地进行，需要一系列法律规则的规制。这种法律规制一方面针对的是微观经济主体的微观行为，如企业的具体经营行为；另一方面是从宏观上引导市场秩序的建立。市场经济有复杂的生产、分配、流通和消费过程，这实质上是人与人之间的社会互动过程。为了使密集的、复杂的且随意性很大的社会互动井然有序，并制约市场经济的某些负面影响，就必须由政府实行宏观调控，以避免只靠市场自身调节所可能产生的自发性、盲目性。当然，国家对经济的宏观引导有各种手段，如经济手段、行政手段等，但法律是最佳手段，即使有时使用经济手段和行政手段，也要通过法律形式加以规定和保障。因此，只有充分运用法律手段对各种经济关系加以调节和制约，才能保证市场主体的公平竞争，才能保障市场经济的合理的、正常的运行。

（三）调整生产关系，发展生产力

马克思主义法学关于法与经济基础关系的理论全面地论证了法与经济基础的辩证关系，并在此基础上创立了马克思主义法学理论体系。按照这种法与经济关系的理论，法与生产关系、生产力的关系包括了两种情况：当法及其保障的生产关系适合生产力发展水平的时候，法就起推动生产力发展的作用；反之，当法及其保障的生产关系不适合生产力发展水平的时候，法就起阻碍生产力发展的反动作用。在第二种情况下，当生产关系和相应的法律制度完全不适应生产力发展的时候，这种生产关系和法律制度就丧失了正当性，因而要被推翻、被颠覆。当然，这种不适应也可能仅仅是生产关系和法律制度中的某一个或某一些特别的部分产生了障碍，因而要对相应的制度和机构实行变革。因此，随着生产力的发展和经济模式的转变，通过法律来对生产关系进行一定程度的调整，使之更加适应生产力的发展状况，以促进生产力和经济的发展，是法律制度最重要的一项功能。在中国共产党的历史中，对法律制度和经济基础、生产力关系的认识经历了一些曲折，但最终又回到了经典的马克思主义理论关于它们之间关系的认识，促进生产力的发展终于又成为党的政策及其指导下制定的法律制度的主要目标。早在抗战时期，毛泽东就指出："中国一切政党的政策及其实践在中国人民中所表现的作用好坏、大小，看它是束缚生产力的，还是解放生产力的。"邓小平把生产力标准进一步具体化为"三个有利于"，即有利于发展社会主义社会的生产力，有利于增强社会主义国家的综合国力，有利于提高人民的生活水平。

【拓展阅读】
商品经济、
市场经济与
法的发展

【课后练习
与测试】

第二节 中国社会主义法与文化

作为以国家强制力为保障的社会行为规范，法律有其独特的性质和体系，从而形成一个独特的文化系统。但是，法律只是众多社会文化现象中的一种，完整意义上的文化是"包括知识、信仰、艺术、道德、法律、习惯以及其他人类作为社会成员而获得的种种能力、习性在内的一种复合整体"。在此意义上，法律只是人类文化的一个重要组成部分。由于文化的各个构成部分之间往往彼此相关、互相渗透，并且共同蕴含着该文化的精神，因此，要正确理解法律，不仅需要从文化整体的角度对作为其中一部分的法律加以认识，还需要从法律与道德、宗教、文学艺术等其他文化现象之间的关系来加以认识。这样一种认识方式，既能让我们看到法律作为人类文化的重要一部分所具有的独特品质和功效，也能让我们看到法律所受其他文化现象的影响以及法律自身所具有的局限性。

一、社会主义法与道德

（一）法与道德的一般关系

道德是一种靠社会舆论、社会习俗和人们内心信念来保证实施的社会行为规范，它是人们关于善恶、美丑、正义与邪恶、光荣与耻辱、公正与偏私的观点和规范的总和。在一个社会中，道德所产生和发挥的作用是广泛的、普遍的、一般的，任何一个人，任何一个集团，任何一个组织都要受到道德规范的引导、调控和约束，来自觉地承担责任，履行义务。道德的调节方式、实现方式是多样化的，社会舆论、传统、风俗、习惯、教育、人们内心的信念是道德发挥作用的主要机制。作为人类社会中两种主要的行为规范，法与道德有着非常密切的联系：一方面，法律与道德相辅相成。作为社会控制方式，作为人们的行为准则，法律与道德你中有我，我中有你，相辅相成，互助共生，与其他社会准则、规范一起，促进了人类社会和文明的进步与发展。法律通过立法，将社会中的道德理念、信念、基本原则和基本要求法律化、制度化、规范化，赋予社会的道德价值观念以法律的强制力，进一步强化、维护、实现和影响道德规范。另一方面，法律与道德又相互制约。法律可以剔除道德观念中不合时宜的成分，道德可以通过对法律的实质内容进行公正与否的评价，推动法律的制定、修改甚至废除，使法律与主流的道德相符。在历史上，道德往往具有先导性，道德的新理念、新观点的出现，往往是法律革命的前兆，会引起法律理论及其他学科的连锁反应，导致法律科学和法律制度的更新、变革；而法律方面的变革也表征道德的新视域、新思维、新思潮，它一方面以社会中新的道德理念、新的价值观念（体系）为理论基础，另一方面又可以借助国家强制力进一步推动社会道德、价值理念的发展。

尽管法律与道德无论在历史上还是在现实中相互影响甚大，但作为两种不同的社会行为规范，法律与道德还是有根本性的区别的，具体说来有如下三个方面的区别：

1. 法律与道德的产生方式及表现形式不同。法律作为一种规范形式，是由国家制定、认可和解释的，通常是以成文化的方式表现出来的，它的存在形式主要为法典、单行法规、判例、条例、条约等规范性文件，国家认可的习惯法等。道德则不同，它主要体现在人们的意识、信念和心理之中，通过人们的言论、行为、内心信念、社会舆论、风俗习惯等形式而表现出来。道德规范是出于人们社会生活的日积月累、约定俗成的，无需经过某个专门的国家机关制定和认可。道德根据人的自然生活而逐渐产生，依赖教育培养而积累长成。就此而言，道德是自发的，有时是无形的，但法律是自觉的、确定的、有形的。在时间上，道德具有先在性，它的产生早于法律，是法律产生、形成、发展、运作和实现的基础。

2. 法律与道德的调整范围不同。道德的调整范围比法的调整范围要宽泛得多。道德的调整几乎涉及人们在社会生产、生活、交往中的一切领域，涉及人的外在行为和内在思想、动机，没有什么（人的）事件、现象、行为不具有道德的意义，可以免除道德（价值）的评价。但法律所调整的主要是人的外在行为而不及于人的内心世界，法律的调整，只是在某些特殊情况下，才去追究与外在行为相关的行为动机、行为目的这些内在的东西。正如马克思所说，"对于法律来说，除了我的行为以外，我是根本不存在的，我根本不是法律的对象"。所以，法律所调整的对象、内容、范围，同样也可以通过道德来调整，但道德所调整的东西却不一定可以通过法律来调整。因此，违法或犯罪行为肯定是不道德的行为，但不道德的行为却不一定是违法、犯罪行为。注意到道德的调整范围远为广阔，可以帮助我们思考法律在调整人类行为方面的局限性，从而在制定法律时考虑如何发挥道德的调整作用。

3. 法律与道德的调整方式不同。现代法律通过设定权利和义务来调整人们的行为。法律具有国家强制性，它往往以国家的强制力为坚强后盾，依靠强制手段来加以推行和实施，法律主要是一种外在的强制力。法律主要是按照特定的程序、由特定的机构通过对受到侵害的权利进行救济、对违背义务的行为进行制裁，来保证法的实现。但是，道德主要是通过设定义务来调整人们的行为的。它主要是依靠社会舆论、社会评价的力量，依靠人们的内心信念、内在修养、传统、风俗习惯和社会教育的力量来维持的，主要是通过人们内在的自觉而实现的。因此，道德是一种内在强制力，它不以国家的强制力作为后盾，也没有特定的程序和特定的实施机构。

（二）社会主义法与道德的关系

社会主义法与社会主义道德之间存在着相互促进、相辅相成的关系。一方面，社会主义法对道德具有促进作用。法律的强制性和强制力远比道德的强制性和强制力要大，它能够有效地促使、迫使人们自觉地遵守道德的信念、原则、信条和要求，从而在更大更广的范围内维护社会秩序，促进、保障和维护人们的正当生活。通过这种将道德法律化的方式，社会规范就能真正地实现道德自律性和法律他律性的结合。因此，社会主义法对部分基本的道德原则加以确认，就能使道德义务转化为法律义务，从而为道德的遵守提供法律支持。由于社会主义法体现了道德的基本精神和要求，通过法律教育和法律的实施，也可以提高人们的道德素养。

另一方面，社会主义道德为法的制定提供了价值导引并促进了法的实施。一个社会的道德、价值观念及其基本原则和要求是极为重要的，没有道德、价值，社会必将陷入虚无和无政府状态。在此意义上，道德是法律的价值基础，是判断、评价法律的价值尺度。历史显示，法律是优良的，还是恶劣的，法律是否能够维护人权，捍卫自由、生命和尊严，维护社会文明和进步，是依存于社会的道德和价值的。道德是衡量法律是良法还是恶法的标准，是引导人们进行法律制度、法律秩序建设和改革的指针。没有道德及价值观念体系作为基础，法律就会缺乏内在支柱，它的正当性最终就会失落。社会主义道德可以为法律提供合理的价值评价标准。良好的社会道德风尚能够保证法律实施者的素养，保障法的有效实施。道德不仅可以弥补因社会主义法律不健全而留下的法律漏洞，还可以对

【拓展阅读】
河南张金柱
案中的宣判
词分析

【拓展阅读】
法的作用的局
限性与其他社
会规范的意义

【拓展案例】
恶意告密者
的案件

【课后练习
与测试】

法不能涉及的领域进行调整，从而与法律一起促进良好的社会秩序的形成。

总之，作为社会调控方式，作为社会规则，法律与道德具有极大的相似性和统一性，但二者又不是等同的，其界限是明确的，一强一弱，一刚一柔，一外一内，一人为强制一自觉自发，一他律一自律，各有其不同的功能、作用和意义，从而形成相辅相成、互助共生的协调机制。总之，法律与道德是人类生存的两根支柱，是人类社会及其活动的不可缺少的永恒质素。人类社会和文明要求法律与道德并举并重，使之相互配合，相互协调，"以道德引导于前，法律鞭挞于后，使人类生活相率纳入正轨"。

二、社会主义法与宗教

（一）法与宗教的一般关系

从文化学视角来看，宗教是人类历史发展过程中一种强调个人及群体的灵性存在、寻觅终极意义、通过虔诚笃信来超越自我、臻于神圣的文化现象。宗教既是以神的观念为核心而形成的一种观念体系，同时也是一种完备的社会规范体系。与法的规范体系、道德规范体系一样，宗教规范体系也是可以用来实现社会控制的规范体系之一。法律与宗教尽管是两种不同的规范体系和社会治理方式，但二者也具有内在的关联：一方面，法律借鉴了宗教性的因素。这不仅表现在法律与宗教共享了仪式、传统、权威和普遍性四种要素，也表现在宗教精神对法律所产生的重要影响上。在西方历史上，宗教规范曾是法律文化的重要内容，甚至是核心内容。西方法律传统脱胎于宗教文明秩序，基督教文明曾经为西方近代法治提供了诸多营养。中世纪形成的教会法体系，对近代西方形式主义法律的产生和发展产生了深远影响，确立了法律的权威性、法律的普遍性与自治性、权利义务、合理的司法程序等观念和规范。另一方面，宗教也包含规范性、法律性的因素。在古代政教合一的国家里，宗教教义本身就是国家法律。在古犹太人那里，摩西十诫既是宗教戒律，也是古犹太人的国家法。在公元7世纪开始建立的阿拉伯哈里发国家，以《古兰经》和《圣训》为代表的伊斯兰教义就是通行全国的法律。伊斯兰教确立了伊斯兰法的基本结构，它不仅建立了比较完整的伊斯兰法的信仰体系，而且建构了一套相对完善的行为规范体系，从而把信仰基础与行为规范有机地融合在法律体系当中。即便在一些现代的政教分离的国家里，宗教有时候也会对法律具有重大的影响。比如说，有些国家承认某些宗教规范具有法律效力，这时候，这些宗教规范就成为法律的补充手段。特别是在婚姻、家庭领域，宗教习俗和礼仪作为惯例仍被遵行，如将结婚的宗教仪式确认为法定方式之一等。

（二）我国法律对宗教信仰自由的保护

中国是实行政教分离的国家。所谓政教分离，指的是宗教权力与国家、政府的统治权力的分割，即政治权力不得干预宗教，宗教力量同样也不得干预政治的运行。政教分离是现代政治学的一项基本原则，源于欧洲摆脱宗教控制的启蒙运动，后成为欧美国家关于宗教与政治关系的主流理论。政教分离原则在制度上首先源于美国宪法第一修正案，其中明文规定："国会不得制定关于设立国教或禁止宗教自由之法律。"在人类的古代社会，利用宗教实现政治统治是一种经常性的做法。在我们的社会主义社会，宗教已经不再是统治工具。社会主义法既不能被用来推行宗教，也不能被用来禁止宗教。它使宗教信仰问题成为公民个人自由选择的问题。因此，宗教信仰自由就是我国的一项长期的基本宗教政策。在这一政策指导下，我国《宪法》第 36 条明确规定："中华人民共和国公民有宗教信仰自由。任何国家机关、社会团体和个人不得强制公民信仰宗教或者不信仰宗教，不得歧视信仰宗教的公民和不信仰宗教的公民。国家保护正常的宗教活动。任何人不得利用宗教进行破坏社会秩序、损害公民身体健康、妨碍国家教育制度的活动。宗教团体和宗教事务不受外国势力的支配。"我国是一个多民族、多宗教的国家，宗教问题往往同民族问题交织在一起。作为一种历史现象，宗教在社会主义社会中将长期存在。因此，在我国，正确对待宗教问题，认真贯彻宗教信仰自由这一政策，认真执行《宪法》对公民宗教信仰自由权利的允诺，这对于巩固和发展民族团结，维护社会安定团结的局面，促进社会主义现代化建设，都具有重要的意义。

【拓展阅读】
梁治平：死亡与再生：新世纪的曙光——伯尔曼《法律与宗教》译序

【拓展案例】
恩格尔诉瓦伊塔尔案（Engel v. Vitale）

三、社会主义法律文化与法律意识

（一）法律文化的含义

法律文化是人类文化系统中重要的组成部分。按照马克思主义的法律观，法律文化是由社会物质生活条件决定的法律上层建筑的总称，即法律意识形态以及与法律意识形态相适应的法律规范、法

律制度及法律组织机构和法律设施等一系列法律活动及其成果的总和。法律文化既反映了人们对静态的法和动态的法的知识性认识，又包括人们对它的价值判断，还包括人们对它的实际运用的心理基础。法律文化触及的范围，涵盖了法与法律权利、司法机构与司法者、司法制度与司法程序，以及对社会主流价值的预期性回应等各个层面。人们使用法律捍卫自己合法权益的意愿、法律的感召力，人们对于法律运作的过程和运作结果的期待，人们对各种法律手段的实际选择和可以选择的余地，以及人们对于法院作出裁判的服从程度及一般看法，都与法律文化联系在一起。可以说，在有阶级和法律的社会，人一生下来就被特定的法律文化所怀抱、所渗透。在这层意义上说，是法律文化铸就了人，而人只能适应特定的法律文化。例如，在我国的传统法律文化中，邻居解决纠纷的第一选择极可能是寻求和解或调解，或者逐渐忘却，总之是不希望立即诉诸法院寻求司法救济。这是我国传统的法律文化使然，是厌讼的"和为贵"的诉讼文化所产生的必然结果。但是，同样的事情在美国，人们必然会想到这件事不通过诉讼便不可能解决，因而会自然地寻求通过法院的审判来解决。尽管实际上也可能在诉诸法院之前，尝试一下和解或其他途径，但这并不是他们的关怀所在，而且他们一般也不相信其他方式会取得令人满意的效果。这便是法律文化的作用和功能。

（二）法律意识的含义

在法律文化观念系统中，法律意识居于重要地位。法律意识是法律文化观念的基本构成要素。所谓法律意识，是指人们关于法律和法律现象的心理、态度、知识和思想的总称。依据人的认识层次，法律意识可以分为法律心理、法律知识和法律思想三个层次。对法律的认识的这三个层次，是逐步加深的。法律心理是人们对法律和法律现象的感性认识，具有表面、直观、简单、自发等特点，往往与人们在法律实践活动过程中的日常体验直接相关。法律思想是人们对法律现象的理性认识，具有系统性、理论化、学术化的特点。法律知识可以通过法律心理也可以借助法律思想表现出来，但它主要还是处于法律心理到法律思想的过渡状态。法律心理为法律思想体系的形成和发展提供了丰富的素材；法律知识兼备法律心理和法律思想两方面的某些特征，是二者转化的"中间桥梁"；法律思想形成后对法律心理和法律知识的发展起指导作用。一般来说，普通人对法律持有的是法律心理，法律职业工作者（包括法律执业者和法学教育工作者）除具有普通的法律心理外，还有一定程度的甚至较为系统的法律知识，而只有那些长期深入思考研究法律现象并以理论方式将其系统表达出来的人，才能说具有法律思想。

法律意识的各个层次，其承载主体是不同的。因此，我们也可以根据对总体上的法律意识的承载主体的差异，而把法律意识划分为职业法律意识和非职业法律意识，这是实践中更为常见的一种区分。职业法律意识是指法官、检察官、律师、法学研究与教学人员等专门法律工作者的法律意识。非职业法律意识则是不以法律为职业的广大人民群众对法律现象的最一般的理解。相较而言，职业法律意识具有专门化、质量高的特点。

（三）法律意识对法律发展的影响

法律意识既然是社会主体在法律实践活动中所形成的主观体验和认识在意识中的反映，是对法律现象本身的价值所作出的主观判断，因此，法律意识一经形成，就会在很大程度上制约和影响法律实践活动。就占统治地位的法律意识而言，它既能渗透到法的制定和实施中，成为法律调整全过程时刻不可脱离的因素，又可独立于法律调整，发挥社会意识形态所固有的思想教育作用，灌输统治阶级的法律意识形态、价值观，普及法律知识、文化，为实现法律调整、实行法治创造良好的思想、心理条件。兹就法律意识对立法和法律实施的作用，来阐释法律意识对法律发展的影响。

1. 在法律的创制过程中，法律意识决定了人们对立法的必要性、目的以及价值取向的认识，直接影响着法律创制活动的效果。如果立法者能正确认识和反映一定社会关系的客观要求，进而有效地进行创制法律的活动，那么这样的法律就会促进经济的发展和社会的进步。因此，立法者的法律意识决定着立法的质量。历史上任何一部优秀法典的诞生，都离不开具有较高法律意识的立法者和专家学者的努力，因为他们往往具有娴熟的立法技术、系统的法律知识、法律理论以及先进的法律理念。

2. 在法律适用的过程中，司法人员法律意识的水准对于适用法律的活动以及案件的审判影响很大，从而直接影响着法律的实现。它直接关系司法人员能否准确理解法律规范的精神实质，能否合法、公正地审理案件，能否有效地维护国家利益和公民权利。此外，法律实践还是一个生动现实的过程，在一个急剧变化的社会里，

【课后练习
与测试】

随着从传统社会向现代社会的转型，法律也必然要发生变化。在这种情况下，对待法的新的法律意识往往也会成为社会变革的推动力量。鉴于法律意识对法律发展乃至法律文化具有重要影响，因此，在我国社会主义条件下，大力培养、提升公民的社会主义法律意识，对于坚持和实行依法治国，建设社会主义法律文化，进而建设社会主义法治国家，就具有十分重要的意义。

第三节　中国社会主义法与和谐社会

一、和谐社会的含义

2006 年 10 月，党的十六届六中全会审议通过《中共中央关于构建社会主义和谐社会若干重大问题的决定》，提出了构建社会主义和谐社会的美好目标，对当前和今后一个时期内构建社会主义和谐社会作出全面部署。这一文件为社会主义和谐社会确定了六个基本特征：民主法治、公平正义、诚信友爱、充满活力、安定有序、人与自然和谐相处。由此可见，民主法治是和谐社会的基本特征甚至首要特征。这表明，社会主义法治建设与和谐社会构建具有内在的高度统一性，社会主义法治建设对于构建和谐社会具有非常重要的意义。因为和谐社会是社会关系得到全面有效调整，人与人之间和谐相处的社会，而和谐的社会关系的建立，是诸种社会规范相互配合、相互作用的结果。在现代社会中，法律及其调整机制已经成为社会调整的主要手段，故而构建社会主义和谐社会，一定要以民主法治为基石。这就要求我们必须建立理性的法律制度，必须确立实质法治，必须创新法律对社会的调整机制。反过来，构建社会主义和谐社会也对法治建设提出了新的要求，它要求法治不仅本身需要达到一种和谐状态，而且对于构建和谐社会能够提供基本的制度保障。

二、中国社会主义法与和谐社会的关系

（一）民主科学立法奠定和谐社会的法律基础

社会主义和谐社会是一个法治的社会，而法治则是以良好的法律为前提的。党的十七大报告指出，"要坚持科学立法、民主立法，完善中国特色社会主义法律体系"。通过民主、科学的立法，构建

中国特色的社会主义法律体系，就为社会主义法治提供了必要的前提，为社会主义和谐社会奠定了必备的法律基础。

（二）依法行政维护权力与权利的和谐

和谐社会所要求的法治状态是权利与义务的和谐、权利与权利的和谐、权利与权力的和谐，以及诸种权力之间的和谐。行政权的良好行使是这四种和谐的关键，尤其是对于公权力与私权利之间的和谐至关重要。在古代社会，以行政权为核心的国家权力决定一切，无公民权利可言。西方近代启蒙思想家提出的法治观念，以自由权为核心，这种以自由权为核心的法治观念，主张公民权利是公共权力尤其是行政权力的监督者甚至对抗者，公共权力处于消极的不作为地位，它管得越少，公民权利就越容易更好地实现。但在现代社会，公共权力尤其是行政权力与公民权利之间的关系，已经不是简单的对抗、排斥关系，而是一种既对抗又合作的关系。在生存权和发展权观念的影响下，公民权利的实现不仅要求行政权力的尊重，要求行政权力的不作为，不主动侵害公民权利，而且还要求行政权力积极作为，为公民权利的实现提供各种条件。比如说，公民在丧失劳动能力的情况下，就有权利从政府那里获得物质帮助，这就要求行政权力积极作为以帮助公民获得最起码的生活资料。尤为重要的是，现代社会中的权利与权力的关系模式，不再是公民个人与国家权力关系下的二维模式，而是在公民、社会、国家三者互动模式下构建的。"公民权利""社会权利""国家权力"共同构成了法治运转中的基本要素形式。这种"三权分立"关系是现代法治不同于传统法治的本质特征。要实现上述三者之间的良好相互作用而形成"三权和谐"的理想状态，就必须实行依法行政。

（三）公正司法解决社会纷争

一个独立公正的司法系统，可以赋予法院以解决社会纠纷和矛盾的权威地位，从而促进和谐社会的构建。在现代社会，由于人们的各种社会关系越来越复杂，利益追求越来越多样，人际冲突愈加繁多，因此要构建和谐社会，其实殊为不易。但是，司法作为一种常设的处理社会矛盾和纠纷的权力，其根本目的就是通过审理诉讼、解决纠纷，来维护社会的基本正义，并使社会保持正常的法律秩序，进而推动社会文明的进一步发展。职是之故，只有构建公正权威的司法体制，才能从制度上保障司法公正，使司法具有公信力，使法院的判决具有正当性和可接受性。这样，当公民相信司法最终能够公正地、权威地处理纠纷，相信自己的权利能够通过司法最终得到维护时，就不至于采用其他的非法律方式（比如说政治方式）来维权了。因此，作为处理社会矛盾和纠纷的最为安全的方式，公正的司法可以更合理地、更平稳地化解社会矛盾和纠纷，从而促进社会的全面和谐。

第十三章　中国社会主义法与民主政治

本章知识结构图

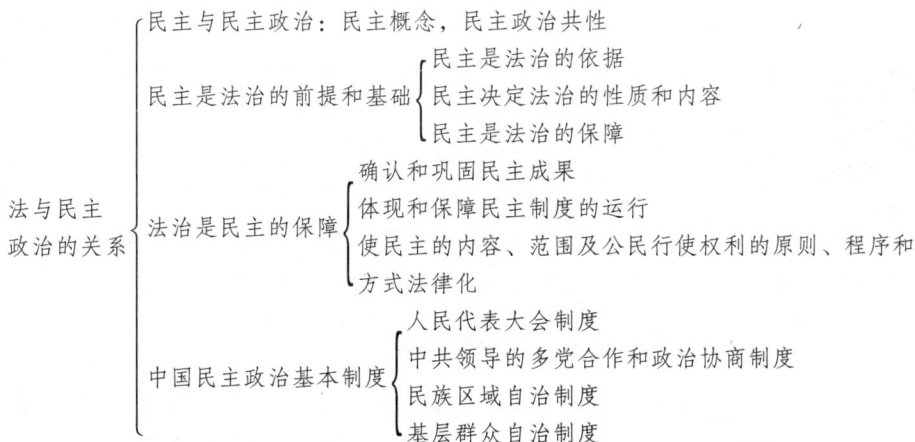

```
                  ┌ 民主与民主政治：民主概念，民主政治共性
                  │                    ┌ 民主是法治的依据
                  │ 民主是法治的前提和基础┤ 民主决定法治的性质和内容
                  │                    └ 民主是法治的保障
  法与民主          │                    ┌ 确认和巩固民主成果
  政治的关系 ───────┤ 法治是民主的保障    ┤ 体现和保障民主制度的运行
                  │                    │ 使民主的内容、范围及公民行使权利的原则、程序和
                  │                    └ 方式法律化
                  │                    ┌ 人民代表大会制度
                  │ 中国民主政治基本制度 ┤ 中共领导的多党合作和政治协商制度
                  │                    │ 民族区域自治制度
                  └                    └ 基层群众自治制度
```

本章重点内容讲解

　　本章的主要内容是法与民主政治的一般关系，即第一节。其中阐释"民主是法治的前提和基础"以及"法治是民主的保障"的各三项内容，必须掌握。关于中国民主政治的基本制度，只掌握本书的四项列举即可，无需深入解释。

第一节　法与民主政治的一般关系

一、民主与民主政治

　　民主可以从广义和狭义两个层次上来理解。广义的民主泛指在社会生活的各个领域中实行按照多数人意志进行决定的社会活动机制。人类共同体有很多人，人与人之间在各个领域都会产生意见上的不一致，由此发生分歧和冲突；人类共同体要维持下去，就必须建构规则和秩序以作出决定。在此意义上，民主就是作出决定的一种规则。狭义民主即民主政治，主要表现为国家政治制度层面的民主，在此意义上，民主首先是指一种特殊的国家形态或国家制度。

民主政治是奉行多数人统治的一种政治制度，与君主制、寡头制和独裁制相对立。纵观人类政治史，人类的政治生活方式经历了神权政治、王权专制政治、权威政治和民主政治等。作为一种比较完整的国家体制和政治制度，民主政治最初产生于古希腊的城邦国家。资产阶级在反对封建专制统治的过程中，扩大了古代民主政治的基础，确立了以普选制和代议制为中心的资产阶级民主政治制度。社会主义民主政治的本质和核心是人民当家做主，是最大多数人享有的最广泛的民主。我们建设中国特色社会主义民主，既包括国家形态的民主，也包括非国家形态的民主，而主要是在国家制度层面上发展社会主义民主政治。按照马克思主义的原理，民主政治一方面具有阶级性，另一方面，不同的民主政治制度在实现其阶级统治时又必须遵循民主政治的一些基本原则，如主权在民原则、多数原则、确认和保护公民权利原则、代议制原则、有限权力原则、法治原则等。民主还有其他各种特征，譬如，权力制约、选举、法律面前人人平等等。这些都是民主政治共性的体现。

【拓展阅读】
俞可平：民主是个好东西

二、民主是法治的前提和基础

近现代法治发展的历史表明，法治与民主有着内在的、不可分割的、共生共存的联系。尽管西方思想家早在古希腊就提出了法治的基本观念，但是法治生存、发展和真正实现所凭据的政治条件和政治框架，只能是民主政治。因此，民主是法治的前提和基础，没有民主政治，就不可能有法治的真正实现。其中最根本的原因在于，法治所要求的"良法"，只有在多数人意志的参与下才可能产生。而民主政治，正是表达和体现多数人意志的政治制度。兹分三个方面来阐述民主对法治的重要意义：

1. 民主是法治的依据。只有人民掌握了国家政权，并采用了民主的政权组织形式，才有可能通过国家机关制定和执行体现自己意志的法律，把民主制度化、法律化。民主政治是一种自由的、平等的和参与的政治。自由、平等和参与的政治为各种政见、决策和立法建议的表达和交流，各政治主体影响和参与决策提供了机会，使立法政策和法律既能真实地反映广大人民群众的根本利益和共同意志，又能够比较有效地避免出现长时期、大面积、难以纠正的决策失误。

2. 民主决定法治的性质和内容。在资本主义民主基础上产生的资产阶级法治，体现的是资产阶级的意志，而由于这种法治不是真正按照全体人民的整体意志，而是凭着资产阶级权力行使者的意志和情绪而运行的，因此会出现政治异化而使政治权力在运行中发生异变，而使权力的行使不利于全体人民的利益，只有利于资产阶级的利益。社会主义民主从根本上说是人民当家做主的政治制度，也就是真正的民主制度，这就决定了社会主义法治的根本出发点和最终目的必定是确认、保障广大人民的民主权利和根本利益。

3. 民主是法治的保障。法治不但要有良法之治，还要求良法可以得到良好的贯彻实施，而只有民主制度能够保证良法得到良好的贯彻实施。因为只有真正的民主制度才会赋予人民一定的民主权利，让人民对法律的适用者实施严格的监督，从而保证国家机关和公职人员严格依"良法"办事。

总之，法治的各个环节，从法的制定一直到法的实施的各个环节，都离不开民主。

三、法治是民主的保障

1. 民主的成果必须经由法治来加以确认和巩固。近现代历史表明，只有通过立法把民主的成果系统地、明确地、具体地确定下来，使其制度化、法律化，民主的成果才不致被侵夺、被破坏。无论资产阶级还是无产阶级，都非常重视这一点，所以他们才都在革命胜利之后迅速制定了宪法以及其他一系列法律以巩固民主的成果。因此，民主的制度化、法律化，既是民主的存在形式，也是民主得以继续实现的条件。

2. 民主作为一种国家制度，其运行必须通过法治来体现和保障。民主政治，包括民主的决策、选举，都要求有法定的、可遵循的程序和规则，这些程序和规则通常都是由宪法和法律加以规定的。政治是不同的政治主体为实现一定的利益而影响、控制或行使国家权力的活动。由于各政治主体的利益不同，必然出现政治期望和政治目标的冲突。民主政治要求各政治主体必须依照既定的规则和程序参与政治（行使政治权力和权利）。按照既定的规则从政，可以创造一种公平竞争、和平共处和稳定合作的局面。这正是民主的程序价值所在。随着法治意识的增强和法律技能的普遍提高，公民对规则的要求和对一切政治活动必须符合法律的要求会越来越强烈，从而推动民主政治活动的法制化。在此意义上，对法定程序和规则的破坏，就是对民主政治制度的违背和破坏。

3. 民主的具体内容、范围以及公民行使权利的原则、程序和方法必须实现法律化。在民主国家，公民不仅享有权利，而且他们的权利和自由还是通过民主制度中的法律来体现和保护的。因此，在民主制度中，各项民主权利均由法律加以确认，并转化为正式的、具体的、有现实性的国家制度。这样，人民才可以在制度的运行中，在权利和自由的享有和使用中，切实感受到自己主人翁的地位。另外，法律也必须规定公民行使权利和自由的具体原则、程序和方法，以使这些权利和自由得以可预期的、和平的方式变成现实。故而，没有法治保障，民主就只能是抽象的理论，而难以变成今日普世性的实践，难以成为现代人类共同追求的可欲目标。

【拓展阅读】
韩德培：我们所需要的"法治"

【课后练习与测试】

第二节　中国民主政治的基本制度

中国的民主政治是社会主义民主政治，是保证和维护最广大人民享有广泛民主权利的政治形式。《宪法》规定，"中华人民共和国的一切权力属于人民"。国家的一切权力属于人民，人民当家做主，真正享有管理国家事务的权利，这是中国民主政治的本质。中国的民主政治，既符合民主政治的一般原理，同时又由于中国所处时代的发展状况，而有中国自己的特色。中国特色的民主政治，是由多种具体的法律和政治制度来保障的。因此，要建设有中国特色的社会主义民主政治，要把民主政治真正落到实处，就要坚持和完善社会主义民主政治的制度体系。在以工人阶级为领导的、以工农联盟为基础的人民民主专政的指导下，这些制度具体包括人民代表大会制度、中国共产党领导的多党合作和政治协商制度、民族区域自治制度以及基层群众自治制度。

一、人民代表大会制度

人民代表大会制度是我国的根本政治制度，是人民行使当家做主权利的根本形式和途径，是中国特色社会主义民主政治制度的主要内容，是坚持党的领导、人民当家做主、依法治国有机统一的制度载体。1953 年 3 月，《中华人民共和国全国人民代表大会和地方各级人民代表大会选举法》公布以后，全国基层开始普选。到1954 年 8 月，除个别地方外，地方各级人民代表大会已先后召开。

1954 年 9 月，第一届全国人民代表大会第一次会议召开，并通过了第一部《中华人民共和国宪法》，标志着人民代表大会制度的正式确立。从此以后，人民代表大会制度在我国的民主政治建设过程中，一直发挥着重要作用。

二、中国共产党领导的多党合作和政治协商制度

现代民主政治以政党活动参与国家政权为基本特征。在资本主义国家，政党制度的基本点是经过几年一度的竞选，由某个或某些资产阶级政党执掌或参与国家政权，其代表人物担任政府首脑，或者参加内阁，在议会中占据多数或一定席位。一个国家的政党制度是由该国特定的社会历史条件和现实条件决定的：首先，它取决于国内各阶级、阶层和集团之间力量的对比，以及各政党的状况。其次，它同国家政权的组织形式直接相关。最后，各国的选举制度对政党制度起着促成和巩固作用。由于国家的性质不同，政党制度也有着不同的类型，主要有资本主义国家的政党制度和社会主义国家的政党制度两大基本类型。中国共产党在民主革命的长期斗争中，同各民主党派结成人民民主统一战线。在中国共产党的领导下，终于取得了民主革命的胜利。1949 年中华人民共和国建立后，一直坚持中国共产党领导的多党合作制。1956 年社会主义改造基本完成之时，毛泽东进而提出中国共产党同各民主党派"长期共存，互相监督"的方针。1978 年中国共产党十一届三中全会后，中国共产党重申坚持同各民主党派"长期共存，互相监督"的方针，同时又加上"肝胆相照，荣辱与共"的内容。中国共产党领导的多党合作和政治协商制度是具有中国特色的社会主义政党制度。根据这种民主政治制度，中国共产党是执政党，其执政的实质是代表工人阶级及广大人民掌握人民民主专政的国家政权。各民主党派是参政党，具有法律规定的参政权。其参政的基本点是：参加国家政权，参与国家大政方针和国家领导人选的协商，参与国家事务的管理，参与国家方针、政策、法律、法规的制定和执行。我国《宪法》规定，"中国人民政治协商会议是有广泛代表性的统一战线组织，过去发挥了重要的历史作用，今后在国家政治生活、社会生活和对外友好活动中，在进行社会主义现代化建设、维护国家的统一和团结的斗争中，将进一步发挥它的重要作用。中国共产党领导的多党合作和政治协商制度将长期存在和发展"。

【拓展阅读】
武国友、桑东华："两会"制度的历史演进

三、民族区域自治制度

民族区域自治制度是指在国家统一领导下，各少数民族聚居的地方实行区域自治，设立自治机关，行使自治权的制度。民族区域自治制度是我国的基本政治制度之一，是建设中国特色社会主义民主政治的重要内容。早在 1941 年 5 月 1 日，陕甘宁边区政府就颁布了《陕甘宁边区纲领》，其中规定："依据民族平等原则，实行蒙回民族与汉族在政治经济文化上的平等权利，建立蒙回民族的自治区。"1945 年 10 月 23 日，中央在关于内蒙古工作方针的指示中指出："对内蒙的基本方针，在目前是实行民族区域自治。"1946 年 2 月 18 日更明确指出："根据和平建国纲领要求民族平等自治，但不应提出独立自治口号。"在这一方针指导下，1947 年 5 月 1 日，党领导建立了我国第一个省一级的内蒙古自治区，为以后在其他民族地区实行民族区域自治指明了方向，积累了宝贵的经验。民族区域自治制度有利于维护国家统一和安全。民族区域自治是以领土完整、国家统一为前提和基础的，是国家的集中统一领导与民族区域自治的有机结合。它增强了中华民族的凝聚力，使各族人民，特别是少数民族把热爱本民族与热爱祖国的深厚感情结合起来，更加自觉地担负起捍卫祖国统一、保卫边疆的光荣职责。民族区域自治制度有利于保障少数民族人民当家作主的权利得以实现，有利于发展平等团结互助和谐的社会主义民族关系，有利于促进社会主义现代化建设事业的蓬勃发展。

【拓展阅读】
万其刚：我国
民族区域自治
制度的历史

四、基层群众自治制度

基层群众自治制度，是依照宪法和法律，由居民（村民）选举的成员组成居民（村民）委员会，或者企业职工代表大会，实行自我管理、自我教育、自我服务、自我监督的制度。基层群众自治制度是在新中国成立后的民主实践中逐步形成的，并首先发育于城市。中共十七大将"基层群众自治制度"首次写入党代会报告，正式与人民代表大会制度、中国共产党领导的多党合作和政治协商制度、民族区域自治制度一起，纳入了中国特色民主政治制度的范畴。经过长期的发展，我国基层群众自治制度体系已基本确立，组织载体日益健全，内容不断丰富，形式更加多样，城乡基层群众自治正在社会主义民主政治建设中发挥着越来越大的作用。我国的基层群众自治是一条发挥群众主体作用与国家主导作用有机统一的民主自治之路，是一条适应经济社会发展需要与为经济社会发展服务有机统一的民主自治之路，是一条发展的渐进性与发展的创新性有机统一的民主自治之路，是一条培育人民的民主意识与维护人民的实际利益有机统一的民主自治之路，是一条实体性民主与程序性民主有机统一的民主自治之路。我们党在准确把握社会主义民主政治发展规律的基础上，把基层群众自治制度提升为我国政治制度的一项基本内容，赋予基层群众民主选举、民主决策、民主管理和民主监督的权利，这一做法顺应了时代潮流，符合党心民心，必将产生深远的影响。

【拓展阅读】陈丽平：我国基层群众自治小史

第十四章　依法治国　建设社会主义法治国家

本章知识结构图

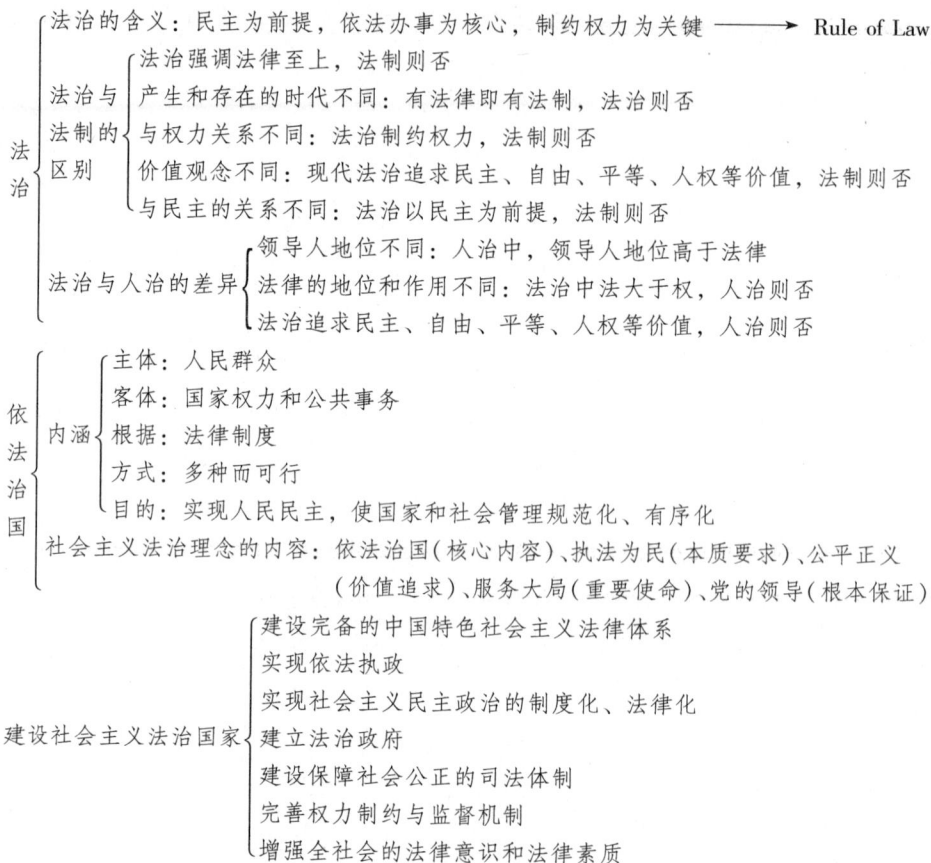

法治
├ 法治的含义：民主为前提，依法办事为核心，制约权力为关键 ——→ Rule of Law
├ 法治与法制的区别
│　├ 法治强调法律至上，法制则否
│　├ 产生和存在的时代不同：有法律即有法制，法治则否
│　├ 与权力关系不同：法治制约权力，法制则否
│　├ 价值观念不同：现代法治追求民主、自由、平等、人权等价值，法制则否
│　└ 与民主的关系不同：法治以民主为前提，法制则否
└ 法治与人治的差异
　　├ 领导人地位不同：人治中，领导人地位高于法律
　　├ 法律的地位和作用不同：法治中法大于权，人治则否
　　└ 法治追求民主、自由、平等、人权等价值，人治则否

依法治国
├ 内涵
│　├ 主体：人民群众
│　├ 客体：国家权力和公共事务
│　├ 根据：法律制度
│　├ 方式：多种而可行
│　└ 目的：实现人民民主，使国家和社会管理规范化、有序化
└ 社会主义法治理念的内容：依法治国（核心内容）、执法为民（本质要求）、公平正义（价值追求）、服务大局（重要使命）、党的领导（根本保证）

建设社会主义法治国家
├ 建设完备的中国特色社会主义法律体系
├ 实现依法执政
├ 实现社会主义民主政治的制度化、法律化
├ 建立法治政府
├ 建设保障社会公正的司法体制
├ 完善权力制约与监督机制
└ 增强全社会的法律意识和法律素质

本章重点内容讲解

　　本章内容，除第一节外，均具有较强的时政和实践意义。第一节是原理，第二、三节更近乎实践。因此，必须充分理解、完全掌握第一节的内容，特别是法治的基本含义，法治与法制、法治与人治的根本差异等问题。在第二、三节中，社会主义法治理念的内容是重点，应当掌握。

第一节　法治的概念

一、法治的含义

法治（rule of law）是指以民主为前提和目标，以严格依法办事为核心，以制约权力为关键的社会管理机制、社会活动方式和社会秩序状态。早在古希腊时代，亚里士多德就对"法治"下了最早的定义："我们应该注意到，邦国虽有良法，要是人民不能全都遵循，仍然不能实现法治。法治应包含两重意义：已成立的法律获得普遍的服从，而大家所服从的法律又应该是本身制定得良好的法律"。现代英国法学家戴雪则将法治总结为三层含义：①人人都受法律统治而不受任性统治；②人人皆平等地服从普通法律和法院的管辖，无人可以凌驾于法律之上；③个人权利乃是法律之来源，而非法律之结果。从历史上看，法治作为一项法律制度、一项被普遍采用的治理国家的方法，是与资产阶级的民主革命过程紧密联系在一起的，是一种民主的政治实践模式。也就是说，没有现代民主的政治实践，不可能形成正当的法治治理模式，反之，在现代法治所追求的诸种目标中，政治上的民主又是最重要的一种目标。现代法治的基本要求是将国家权力的运行纳入法律的轨道，从而使国家权力受到相应的控制，包括受法律的控制、受权力的制衡、受权利的约束。为了实现这一要求，就需要国家机关、社会组织和公民个人，严格依法办事，以法律为权威来规划、作出各种行为。

二、法治与相关概念的区别

（一）法治与法制

法制（legal system），一是指法律制度的简称，二是指法律的体系、体制与构架的整体。任何法治，都是以法制作为基础建立起来的，没有健全的法律制度（法制），就不可能会有法治的社会治理状态，在此意义上，法制是法治的前提和基础。但是，有了法制，却不一定是法治状态。因此，法制所讲的法主要是指静态的法的规则及其体系，而法治所讲的法除静态的法的规则及其体系之外，还包括动态的立法、司法、行政执法以及守法等活动；法制社会中法对权力的规范和约束既可以是所有的人和一切国家机关，也可能是在法的约束和规范之外仍然存在着一个至高无上的权力独裁者或权力机关，也就是说法制并不必然地排斥人治。而法治社会中法对权力的约束和规范却是完全的、绝对的，包括一切的权力机关和所有的个人，法治必然地排斥人治，法在法治社会中至高无上，除此之外不存在绝对的个人或权力机关的至上权威，而且所有的国家权力都要合理配置和划分，并相互制约。

具体而言，我们可以将法治与法制的区别总结如下：

1. 是否强调法律至上不同。法治强调法的统治，法律至上是应有之意。无论何种形态的社会，总有一个至高无上的权威存在。如果公众心目中认同的最高权威不是法律，那么这个社会就肯定不是法治社会。而法制并不必然包含法律至上的含义，它的着眼点在于静态的制度。

2. 产生和存在的时代不同。法治，从严格意义上讲，是资产阶级革命的产物，是资本主义时代才产生并建立的一种国家治理方式。只有在资本主义社会和社会主义社会这样的现代社会中，法治才成为现实。而法制是从法律出现以来就产生的，它甚至是"法律"的另一种表达方法，它早在奴隶制社会初期就产生了，它将伴随人类走过整个法律社会。在现代社会条件下，需要的是法治，而不是单纯的法制。法制可以存在于奴隶的、封建的、资本主义的和社会主义的任何的社会形态之中，而法治只能存在于民主政治的社会形态中。因此，我国现在所提倡和努力建立健全的是现代意义上的依法治国和法治国家。

3. 与权力的关系不同。法治约束权力，对于公共权力或国家权力的约束，是法治的基本特征。法制则不具有这样的要求。一般所说的法制，可能是能够约束权力的法治之下的法制，也可能是为权力所左右的人治之中的法制。

4. 价值观念不同。在现代社会中，法治必然具有民主、自由、平等、人权的价值观念，但是法制则不一定。具体说来，和法治相联系的法制才具有这样的价值观念，而与人治相联系的法制则不具有这样的价值观念。因此，法治这种社会管理机制和社会秩序状态，不单单是指依法办事，它还蕴含着人类所普遍追求的某些特定价值。现代法治是民主、自由、平等、人权、理性、文明、秩序、效益和合法性的完美结合。因此，所谓"法治"不仅意味着"依法治国"，还意味着"良法之治"，即用以治国的法律本身应该符合正义原则、平等原则、维护人的尊严的原则等人类向往的理想价值观念。以"恶法"治国，还算不上是法治。因此，关于法治的命题，既是事实判断，也是价值判断；法治不但有实证标准，也有道德标准。

5. 与民主的关系不同。法治是与民主相联系的。没有民主，就没有法治。法制则不要求必须有民主的政治基础，也不必然以民主作为自己的政治目标。法制所讲的法律制度既可以是好的、民主的法律制度，也可以是不好的、专制的法律制度，而法治所讲的法律制度单指良好的、民主的、能使法得以正确适用和普遍遵守的法律制度；法制社会中的法既可以是与民众的意志相统一、体现民众意志的法，也可以是与民众相对立、作为统治者统治民众的工具的法，而在法治社会中，法完全体现的是主权在民、政治民主。

法制（legal system）的两种模式 { 与专制相结合——与法治背道而驰
与民主相结合——rule of law

（二）法治与人治

与法治相对的一个概念是人治。人治也是人类社会的一种治理方式。在人治中，法律也扮演着一定的角色；在法治中，也不否认要发挥人的作用。但是，这两种治理方式之间仍然存在很大的差异，具体可以概括为以下几个方面：

1. 领导人或统治者的地位不同。"法治"强调法律至上，这包括两方面的内容：其一，与任何其他规则相比较，法律在治理社会活动中，在规范人们交往行为中具有至上性和首选性；其二，与任何组织和个人相比较，法律是至上的，任何组织和个人都要服从法律。因此，法治国家要求执政党和国家领导人与普通公民一样遵守法律。而在人治中，领导人或者统治者是至高无上的，他们拥有否定法律的特权。人治强调的领袖至上，包括两方面的内容：其一，掌握国家权力的领袖的意志高于法律，他可以一言立法，也可以一言废法；其二，掌握国家权力的领袖决定国家的重大事务。他依靠至高无上的绝对权威，把自己的意志贯彻到整个社会并使之得以执行。所以，政治领袖个人权威成为维系国家统一和社会稳定的基础。

2. 法律的地位和作用不同。这主要体现在法律与权力发生冲突时，在法治社会，法律优先于权力；而在人治社会，权力则优先于法律，法律只是统治工具。法治强调一切公权力都应当服从法

律，法律是最高的公共理性，也是公权力的产生之所，没有法律根据的一切权力均为非法，即便是紧急状态下政治权力的运用也要遵循依法行使的原则。但人治是最高统治者不受法律约束的"权治"，最高统治者的权力大于法律，谁拥有国家权力，谁就主宰国家和民众。

3. 是否具有民主、自由、平等和人权等价值观念的不同。法治总是以民主作为自己的基础，并以民主作为自己的价值目标，同时把自由、平等、人权等作为自己的价值观念加以贯彻。而人治往往与专制相联系，在人治这种治理方式下，不但不具有自由、平等和人权的价值目标，甚至往往是反自由、反平等、反人权的。就厉行法治的文化需要来说，科学精神、人权思想、公民意识、权利观念等理性文化要素有着特别重要的作用，只有当这些文化要素成为根深叶茂的社会意识时，法治国家的理想才会变成现实。但是，人治却往往需要非科学的愚昧无知、宗教迷信和人的等级差别观念等非理性因素来支持。

第二节　我国依法治国方略的基本内涵

一、依法治国方略的含义和特征

中国的依法治国，就是广大人民群众在党的领导下，依照宪法和法律的规定，通过各种途径和形式管理国家事务，管理经济文化事业，管理社会事务，保证国家各项工作依法进行，逐步实现社会主义民主的制度化、法律化，使这种制度不因领导人的改变而改变，不因领导人注意力的改变而改变。这一基本定义，大体概括了依法治国的基本内涵。

依法治国可从下述几个方面来把握：①依法治国的主体是人民群众；②依法治国的客体是国家权力和公共事务；③依法治国的根据是法律制度；④依法治国的方式多种而可行；⑤依法治国的目的在于实现人民民主，并保证国家和社会管理活动的规范化和有序化。

二、社会主义法治理念

（一）社会主义法治理念的含义和内容

现代法治理念根植于一定社会的经济、政治、文化等诸方面的

必然性要求之中，它是法治的灵魂，体现了法治的精神实质和价值追求，所要解决的是为什么实行法治以及如何实现法治的问题。具体而言，法治理念主要包含以下四个方面的内容：①法律的权威性是法治赖以实现的根本保障；②限制公权力是法治的基本精神；③公正是法治最普遍的价值表述；④尊重和保障人权是现代法治的价值实质。法治理念是法治制度建设的观念基础，体现着一定社会法治建设的价值取向、基本原则和基本要求，是一国法治建设的"软件"中最核心的部分。作为治国方略，一国法治制度的设计，除了要符合管理活动规范化的共性要求外，还要体现一定社会制度的性质和价值追求并受不同国家具体环境和条件的影响。我国在进行法治制度建设的同时，一方面认真学习和借鉴法治发达国家的法治思想和制度的优秀成分，另一方面又以历史唯物主义为指导，总结我国法治建设的实践经验，提出了有关社会主义法治的基本理念。

社会主义法治理念是以社会主义社会、经济、政治、文化观念状况为基础的，体现社会主义法治内在本质和基本要求的思想理念。社会主义法治理念是中国共产党作为执政党，从社会主义现代化建设事业的现实和全局出发，借鉴世界法治经验，对近现代特别是改革开放以来中国经济、社会和法治发展的历史经验的总结；它既是当代中国社会主义建设规划的一部分，同时也是执政党对中国法治经验的理论追求和升华。社会主义法治理念是社会主义法治建设的指导思想，它的内容异常丰富。就政法系统的工作而言，社会主义法治理念的主要内容体现在以下几个方面：依法治国、执政为民、公平正义、服务大局和党的领导。这些法治理念围绕社会主义法治建设这一中心，构成了一个完整的整体，兹分别解说如下：

1. 依法治国是社会主义法治的核心内容。依法治国已经成为我们全社会共同的行动口号与基本原则，建设社会主义法治国家已经成为我们的现实目标。党的十五大报告明确提出依法治国的基本方略，将过去"建设社会主义法制国家"的提法改变为"建设社会主义法治国家"，这一表达极其鲜明地突出了对"法治"的强调。1999 年，"依法治国，建设社会主义法治国家"被正式写入《宪法》。2007 年党的十七大报告提出"全面落实依法治国基本方略，加快建设社会主义法治国家"，标志着我们党坚定不移地选择了社会主义法治的治国道路，从而完成了我们党执政治国理念的一次深刻而重大的转变。

2. 执法为民是社会主义法治的本质要求。我国是人民民主专政的社会主义国家，人民是国家的主人，是一切国家权力的来源。执法机关作为权力的行使者，只能充当人民的公仆，为人民服务，而绝对不能凌驾于人民之上。依法治国，说到底就是依照人民的意愿来治理国家，管理社会。在法律的执行和适用过程中，在合法性的基础上，还应当体现"以人为本"的精神，确认和保护最广大人民群众的根本利益。

3. 公平正义是社会主义法治的价值追求。法律总是与公平正义联系在一起的。无论中国还是西方，都对法律的公正性予以特别重视。公平正义，就是社会各方面的利益关系得到妥善协调，人民内部矛盾和其他社会矛盾得到正确处理，社会公平和正义得到切实维护和实现。公平正义是人类社会文明进步的重要标志，是社会主义和谐社会的关键环节。随着市场经济的发展，社会结构的变动，利益关系的多元化，社会公平问题日益凸显出来。高度重视、科学分析、正确解决这些问题，对于保持社会的稳定与和谐，减少社会风险和动荡，至关重要。解决公平正义问题，最重要的是要通过推进社会主义法治进程，逐步建立并从法律上保障公平的机制、公平的规则、公平的环境、公平的条件和公平发展的机会。与资本主义法治相比，社会主义法治不仅强调形式公平，而且更关注实质公平，因此，社会主义法治既是公平正义的重要载体，也是保障公平正义的最有效的机制。

4. 服务大局是社会主义法治的重要使命。服务大局是对社会主义法治的政治要求，也是社会主义法治的重要使命。在当前，社会主义的大局主要包括以下几点：社会主义现代化建设；中国特色的社会主义建设；建立社会主义的市场经济体制；建设社会主义民主政治，推进社会主义的政治文明；依法治国，建设社会主义法治国家；构建社会主义和谐社会；等等。这些都是社会主义社会的大局，也都是社会主义法治建设不可忽视的根本问题。服务大局还要求在执法和司法活动中，处理好法律与社会的关系，实现法律效果与社会效果的统一。

5. 党的领导是社会主义法治的根本保证。我们党是中国工人阶级的先锋队，同时是中国人民和中华民族的先锋队，是中国特色社会主义事业的领导核心，代表中国先进生产力的发展要求、中国先进文化的前进方向、中国最广大人民的根本利益。法治作为一种治国方略和国家治理形态，与特定社会制度相联系。《宪法》规定，我国的根本制度是社会主义制度，根本任务是沿着中国特色社会主义道路，集中力量进行社会主义现代化建设。这就决定了我国法治的性质是社会主义的法治，在现阶段就是中国特色的社会主义法治。因此，中国特色社会主义的伟大旗帜，既是党的领导的旗帜，也是社会主义法治建设的旗帜，我们必须始终不渝地高举这面旗帜。建设社会主义法治、全面推进依法治国，作为一项全局性、系统性工程，既要求依法治国、依法执政、依法行政共同推进，把国家事务和社会事务、经济和文化事业的管理都纳入法治化轨道；又要求法治国家、法治政府、法治社会一体建设，使全体公民、社会组织和国家机关都以宪法法律为行为准则，依照宪法法律行使权利或权力、履行义务或职责，这些都只能由执政党来领导。

（二）社会主义法治理念的意义

法治理念是人们对法律的功能、作用和法律实施所持有的内心信念和观念。一定的法治理念是由一定的社会制度、法律文化和价值观念所决定的，一旦形成，便相对固化于人们的思想中，具有相对的稳定性、持久性。有什么样的法治理念，就会表现为什么样的立法、执法及司法行为。因此，可以说法治理念是法治活动的灵魂，决定着法治行为及法治效果。社会主义法治理念是从社会主义现代化建设事业的现实和全局出发，借鉴世界法治经验，对近现代特别是改革开放以来我国经济社会以及法治发展历史经验的科学总结，是中国特色社会主义理论体系在法治建设上的重要体现，它指导和调整着社会主义立法、执法、司法、守法和法律监督工作，体现了党的领导、人民当家做主和依法治国的有机统一。法治理念对于法治发展的重要意义，尤其体现在法律制定和法律实施两个大的环节上。

1. 社会主义法治理念是社会主义法律制定的思想前提。法律制定是一个复杂的持续不断的社会过程，在这个过程中，法治的理念会影响立法工作的开展与进行，社会主义法治理念对于立法者正确认识社会的法律需要，及时制定符合客观实际的法律，严格贯彻立法基本原则，都具有重要的指导意义。因此，必须以社会主义法治理念指导立法实践，坚持民主立法、科学立法、依法立法，不断健全完善中国特色社会主义法律体系。

【课后练习
与测试】

2. 社会主义法治理念是社会主义法律实施的重要保障。坚持社会主义法治理念是准确理解法律和执行法律的需要。法律实施是法律现实化的重要途径，在这个过程中，执法者或司法者自身的素质、对于法律精神的理解、执法的理念等，无不决定着法律现实化的效果。用社会主义法治理念武装法律实施者的头脑，使其严格贯彻法律实施的基本原则和具体规定，对于依法治国的实现具有重要意义。

第三节　建设社会主义法治国家的历史任务

社会主义法治国家理论是当代中国在改革开放、谋求发展的过程中结合现代西方法治文明从而确立的一项重大的治国方略。与此同时，它也是一种力图克服西方法治理论的局限从而体现出社会主义的优越性，并有所发展的政治法律理论。社会主义法治国家是改革法权的创立过程中所取得的伟大成果，它力避西方法治理论的缺陷，同时吸收西方法治理论的基本要素，更为重要的是，它有着社会主义的坚固根基。社会主义法治国家理论试图将对于个体自由的关注同人民民主专政结合起来，因此它有着如下基本前提：①党的领导；②社会主义属性；③权力的合法性。前两个要素体现了社会主义法治的社会主义属性，而最后一个要素则要求社会主义国家公共权力的行使必须遵守规则、尊重个体权利。从最终目标来说，依法治国的历史任务，就是要建成社会主义法治国家，彻底实现人民民主。这一任务非常艰巨，需要持久不懈地做好至少下述几项工作：

一、建设完备的中国特色社会主义法律体系

依法治国、法治国家，必须以良好的法律制度作为基本前提。就我国来说，良好的法律制度，就是建立完备的中国特色社会主义法律体系。具体来讲，建立这个完备的社会主义法律体系，是指要建立一个部门齐全、结构严谨、内部和谐、体例科学、协调发展的法律体系。如果说"部门齐全、结构严谨、内部和谐、体例科学"讲的都是对这个完备的法律体系的静态要求的话，那么"协调发展"讲的就是对这个法律体系的动态要求。因为，即便我们如期实现了预定的目标——建立起了比较完备的中国特色社会主义法律体

系，这个体系还是会随着时代的发展、客观情况的变化，而有进一步发展的必要，还需要我们不断探索，不断完善。改革开放四十年来，在党中央的领导下，我们成功走出了一条中国特色的立法路子。我们坚持党的领导、人民当家做主、依法治国有机统一，紧紧围绕党和国家工作大局，有计划、有重点、有步骤地开展立法工作，用仅仅几十年的时间就形成了中国特色社会主义法律体系，立法任务之重世所罕见，克服困难之多前所未有，成绩来之不易，经验弥足珍贵。但是，必须看到，社会实践是法律的基础，法律是实践经验的总结，并随着社会实践的发展而不断发展。实践没有止境，法律体系也要与时俱进、不断创新，它必然是动态的、开放的、发展的，而不是静止的、封闭的、固定的。我国正处于并将长期处于社会主义初级阶段，整个国家还处于体制改革和社会转型时期，社会主义制度还需要不断地自我完善和发展，社会主义市场经济体制也还有个完善过程，因而反映并规范这种制度和体制的中国特色社会主义法律体系，就必然具有稳定性与变动性、阶段性与前瞻性相统一的特点，必将适应我国经济社会发展和法治建设进程的现实需要而不断发展完善。

二、实现依法执政

中国共产党已经完成了从革命党到执政党的地位转变，相应地，党的领导方式和对待法律的态度也要转变。因此，全党都要积极思考和探索如何转变执政观念、培养和提高依法执政能力这一重大问题。倘若执政党不是在宪法和法律的范围内活动，而是游离于宪法和法律之外，享有凌驾于法律之上和超越法律的特权，必然使法律难以得到有效的实施，也就谈不上建设社会主义法治国家。依法执政在中国的一个总的要求是，党要通过制定大政方针、提出立法建议、推荐重要干部等执政权力的行使，使党的主张经过法定程序变成国家意志，支持和保证人大、政府、司法机关依法履行职能，最终实现党的正确领导。另外，在社会事务中，执政党要学会以国家机器为杠杆，在治理国家和社会事务中，坚持运用法律手段，解决社会矛盾，协调利益关系，持续获得人民拥护，促进社会生产发展，引导社会整体进步。

三、实现社会主义民主政治的制度化和法律化

社会主义民主政治是我们政治建设和政治体制改革的目标。社会主义民主政治的实现，要依赖社会主义民主政治的制度化、规范化和程序化。而要实现社会主义民主政治的制度化、规范化和程序化，实质上就是要实现社会主义民主政治的法治化。

四、建立法治政府

法治政府是依法治国、建设社会主义法治国家必要的构成部分。由于政府拥有国家最主要的行政能力，与立法、司法等相并列，并拥有远比立法和司法更大的社会管理权力，所以，没有法治政府当然就不可能有法治国家。对于法治国家来说，法治政府是最核心最根本的部分。国家机器是庞大的，其分枝也是众多的，但是唯有政府是最有力量的社会管理者。因此，建立法治政府是实现依法治国、建设社会主义法治国家这一艰巨任务的重中之重。建立法治政府，其实就是要让政府做到依法行政，因为政府能否做到依法行政将直接决定法律能否得到有效的实施，甚至将决定社会主义法治国家建设能否顺利推进。建立法治政府最根本的理由有二：一方面，行政承担着比立法、司法更加普遍、更加日常性的管理事务，且行政活动的每一个领域、每一个方面都事关国计民生和社会经济、政治、文化的发展；另一方面，行政权力在现代社会中呈现出普遍的扩张趋势，行政权力越来越大，若是政府不能坚持依法行政的基本原则，则行政权力的扩张、越位、滥用、腐败等违法行政的现象将层出不穷，建成社会主义法治国家的目标将会受到很大影响。

五、建设保障社会公正的司法体制

健全司法体制是当前司法体制改革的直接目标；在全社会实现公平正义是司法体制改革的终极目标。我们必须将这两个目标结合起来、统一起来，加速推进司法体制改革的进程。党的十八届四中全会指出："公正是法治的生命线。司法公正对社会公正具有重要引领作用，司法不公对社会公正具有致命破坏作用。必须完善司法管理体制和司法权力运行机制，规范司法行为，加强对司法活动的监督，努力让人民群众在每一个司法案件中感受到公平正义。"

六、完善权力制约与监督机制

法治的核心要义在于保障人权和自由，而保障人权和自由就必须要约束权力，因为公权力才是人权和自由最大可能的侵害者。约束权力必须依赖较为完备的权力制约和监督机制。这个过程会遇到各种阻力，因为，这种机制的建立需要权力的自觉、认可和支持，甚至还需要权力来设置。依赖权力来建立制约和监督权力的机制，即让权力"作茧自缚"，本身就是一个悖论。这就对我们的权力行使者提出了法治化的要求，必须要具有法治的自觉精神，必须要力行法治。

七、增强全社会的法律意识和法律素质

党的十八届四中全会通过的《中共中央关于全面推进依法治国若干重大问题的决定》（以下简称《决定》），从党和国家事业发展全局的战略高度，对全面推进依法治国作了一系列重大部署。其中，《决定》提出了推动全社会树立法治意识的重大任务。推动全社会树立法治意识，增强全社会厉行法治的积极性和主动性，形成守法光荣、违法可耻的社会氛围，使全体人民都成为社会主义法治的忠实崇尚者、自觉遵守者、坚定捍卫者，这对全面推进依法治国、建设社会主义法治国家具有重要意义。

为了完成这一重大任务，首先，要求有关主体，特别是有关的领导干部，必须自觉学习法律，提高法律知识与认识的水平。其次，要求加强普法工作，深入开展法治宣传教育，普及法律常识、增强法律知识、增强法治理念。再次，还要求有关的党政机关、执法机关和司法部门严格依法执政、依法行政、依法办案，以法律实施的实效来提升全社会的法律意识。最后，要求全体社会成员自觉服从法律、遵守法律，这样，法律意识和法律素质也会因我们在行动上不断重复地守法而得到提升。

总之，全面推进依法治国，建设社会主义法治国家，是社会发展的必然产物，是社会主义社会的本质要求，也是总结历史沉痛教训后的明智决策。这是新时期培育和践行社会主义核心价值观的重要保证，因而也是中国共产党领导全国人民把我国建成富强、民主、文明的社会主义现代化国家，实现中华民族伟大复兴的中国梦的应有之义。在完成这一历史任务的过程中，法律人更应贡献自己的才智毅力，在理论上和实践上付出自己的热血、辛劳、眼泪和汗水。

【拓展阅读】
法治国家
的概念

法学 e 系列教材

书　名	作　者
法理学	赵雪纲
宪法学	姚国建
行政法学	王敬波
行政诉讼法学	张　锋
中国法制史	马志冰
民法总论	姚新华
物权法	刘智慧
债法总论	费安玲
合同法	朱晓娟
侵权责任法	寇广萍
知识产权法	周长玲
公司法学	吴景明等
证券法	王光进
经济法学	薛克鹏　张钦昱
金融法学	魏敬淼
竞争法学	刘继峰　刘　丹
刑法学总论	曲新久
刑法学分论	阮齐林
民事诉讼法学	杨秀清
刑事诉讼法学	卫跃宁
国际法	马呈元
国际私法	刘　力
国际经济法	张丽英